Nütschau 2002

Symbole erschließen Ihnen
den Weg von außen nach innen,
von der Schale zum Kern.

Alles Liebe Margarete [illegible]

Religion im Kindergarten verstehen und gestalten

Band 1

Die Deutsche Bibliothek – CIP-Einheitsaufnahme

Mix, Margarete:
Symbole im Kindergarten – verstehen und gestalten:
ein Praxisbuch für die religiöse Früherziehung der 3- bis 7-Jährigen /
Margarete Mix und Gerhard Rödding. Red. Burkhard Straeck. –
2., korrig. Aufl. – Gütersloh: Gütersloher Verl.-Haus, 2001
ISBN 3-579-02931-2
NE: Mix, Margarete

ISBN 3-579-02931-2
2., korrigierte Auflage, 2001

Umschlaggestaltung: INIT, Bielefeld
Umschlagfoto: Comstock-Fotoagentur, Berlin
Satz: Weserdruckerei Rolf Oesselmann, Stolzenau
Druck und Bindung: Memminger Zeitung Verlagsdruckerei GmbH, Memmingen
Printed in Germany

Homepage: http://www.gtvh.de

Symbole

im Kindergarten verstehen und gestalten

Margarete Mix
Gerhard Rödding

Redaktion
Burkhard Straeck

Ein Praxisbuch für die religiöse Früherziehung der 3- bis 7-Jährigen

2., korrigierte Auflage
in neuer Rechtschreibung

Gütersloher Verlagshaus

Inhalt

Einleitung

Die religiöse Welt ist kein isolierter Bereich, in den man erst durch besondere Weihen eintreten könnte; religiöse Sprache ist keine Geheimsprache, die sich von derjenigen unseres Alltags unterscheidet. Ganz im Gegenteil: Unser Leben ist durchwoben mit religiösen Vorstellungen und Glaubensinhalten. Überall, wo es um Vertrauen, Lebenssinn und Lebenserfüllung, um Tod und Leben, Hingabe und Liebe, Sehnsucht und Hoffnung, Schuld und Sühne geht, finden wir die religiöse Dimension des Lebens. Sie zu verschütten, würde zu Schäden in der Erziehung zur Humanität führen. Sie zu fördern, führt zur Entfaltung aller menschlichen Anlagen und Begabungen.
Wie über andere Phänomene des Lebens kann auch über Religion gesprochen und diskutiert werden. Unsere Sprache hat in ihrer langen Tradition Vorstellungen und Begriffe geschaffen, in denen religiöse Sachverhalte zum Ausdruck gebracht werden können. Aber wie jede andere Sprache, so muss auch diese gelernt werden. Wann könnte das besser geschehen als in der frühkindlichen Erziehung?
Die religiöse Sprache knüpft an einfache und natürliche Erfahrungen des Alltags an: ***Wind*** und ***Wasser***, von denen alles Leben abhängt, das ***Licht***, das Orientierung ermöglicht, das ***Samenkorn***, aus dem eine Pflanze wächst, der weite mühsame ***Weg*** und die ***Steine***, die an eine der urmenschlichsten Fähigkeiten erinnern, nämlich daran, etwas bauen zu können. Man könnte diese Reihe sprachlicher Bilder um viele ergänzen.
Das Wichtigste ist dabei zunächst, dass die Kinder das zu verstehen lernen, was sie in ihrer Welt erleben. Sie brauchen Gelegenheit, ihre eigene Lebenswirklichkeit zu deuten. Der erste Schritt dazu besteht darin, ihre große Wahrnehmungsfähigkeit zu stärken, ihnen Räume zu eröffnen, in denen sie die Grundelemente ihres Lebens mit allen Sinnen erfahren können. Dieses Sammeln und Deuten von natürlichen Erfahrungen ist für die Kinder schon allein deswegen wichtig, weil jeder Mensch wissen sollte, wovon wir wirklich leben und was wir darum auch besonders zu schützen haben.
Solche gedeuteten Erfahrungen können darüber hinaus der Entwicklung der religiösen Sprache dienen. Sie werden dadurch zu Symbolen. An der unsichtbaren Kraft des Windes, der Bäume entwurzeln und Windräder drehen kann, kann das unsichtbare Wirken Gottes und seines Geistes deutlich gemacht werden, von dem uns in der Bibel erzählt wird. Die Leben spendende Kraft des göttlichen Geistes wird sichtbar, wenn zu sehen ist, wie der Wind den Blütenstaub über ein blühendes Kornfeld treibt, damit die Pollen die Ähren befruchten können.
Religiöse Vorstellungen werden nicht von außen willkürlich an die Symbole herangeführt, sondern ergeben sich aus ihnen selbst. Schon in der Bibel ist dieser organische Zusammenhang sichtbar. Wenn Jesus sagt: »Ich bin das Brot des Lebens« (Joh 6, 35), dann benutzt er ein Beispiel aus dem natürlichen Leben, das jeder kennt, um einen religiösen Sachverhalt deutlich zu machen. So wie das Brot lebensnotwendig ist, so ist Jesus Christus lebensnotwendig als die geistliche Speise für das ewige Leben. Auf diese Weise verbinden sich natürliche Sachverhalte mit theologischen Inhalten zu einem religiösen Symbol.
Dieser Vorgang ist für die Religionspädagogik deswegen von so großer Bedeutung, weil religiöses Denken dadurch anschaulich werden kann, ja, religiöse Sprache gewissermaßen in das Leben und Denken der Kinder hineingezogen wird. Der Satz, dass wir alle durch Gottes Gnade leben, bringt einen unverzichtbaren theologischen Sachverhalt zum Ausdruck. Aber es handelt sich um einen abstrakten Satz, der Kindern so nicht verständlich ist. Jedoch kann der gleiche Sachverhalt auf vielfältige Weise »symbolisch« deutlich gemacht werden, wenn wir sagen, dass Gott Wasser auf dürres Land gießen wird (Ps 65, 10 u. 11), dass

Jesus Christus das Licht der Welt (Joh 8, 12) oder das Brot des Lebens (Joh 6, 25) ist.

Von Geburt an erlebt das Kind Licht und Sonne, Luft, Wind und Wasser, Samenkorn und Brot, Bäume, Weg und Steine. Wärme und Wasser spürt es schon im Mutterleib.

Diese Erfahrungen sind so elementar, dass sich Erinnerungsspuren selbst ins Unbewusste eingraben. Symbole und Bilder von Glauben können daran anknüpfen. Dadurch verbindet sich der Glaube mit dem Leben der Kinder.

Deshalb versuchen die Vorschläge, für die Praxis Erlebnisse und Erfahrungen, die Kinder in ihrer nächsten Umgebung machen können, aufzugreifen. Dieses Vorgehen lässt sich in zwei Schritte gliedern:

– Kinder werden angeleitet, vielfältige natürliche Erscheinungen bewusst wahrzunehmen.
– Indem sie auf diese Weise Erfahrungen sammeln und verarbeiten, erschließt sich ihnen die Welt der religiösen Symbole.

Beide Schritte bedingen sich und greifen ineinander, sodass in der Praxis einfühlsame Wahrnehmungen der Wirklichkeit zugleich auch religiöse Sinnerschließung für Kinder sein kann. Damit ist die Brücke geschlagen vom Wirklichkeitsverständnis des Kindes zum Verständnis des religiösen Symbols. Nach diesem Konzept werden für die religiöse Erziehung des Kleinkindes viele Erlebnis- und Erfahrungsbereiche des Kindes wegweisend.

Jedes Kapitel bietet zu Erschließung und Vertiefung der Wirklichkeitsbegegnung Gespräche, Bilder, Lieder, Tänze, Spiele, Musik, Bastel-, Mal- und Gestaltungsvorschläge an. Weiterhin gibt es Anregungen, wie die religionspädagogische Arbeit mit dem Leben einer christlichen Gemeinde verbunden werden kann. Alle Vorschläge haben sich in der Kindergartenpraxis bewährt.

Vor allem anderen wollen die Anregungen für die Praxis Erziehern und Erzieherinnen Mut machen, Kindern die Vielzahl staunenswerter Erscheinungen in ihrer Umgebung zu erschließen, um auf diese Weise einen Weg zum religiösen Leben zu finden.

Auf den folgenden Seiten soll der Weg von der natürlichen alltäglichen Erfahrung zum religiösen Symbol dargestellt werden. Damit befindet sich dieser Band in der Tradition der Zeitschrift *wastwie*, anlässlich deren 25-jährigen Jubliäums er entstanden ist.

Wir wünschen den Leserinnen und Lesern, dass sie mit diesem Buch den Reichtum der dargestellten Symbole in ihrer Bedeutung für sich selbst und für die Kinder, mit denen sie arbeiten, entdecken können.

Dass wir uns dabei nicht auf einem abseitigen Wege befinden, mag ein besonders schönes Zitat von Martin Luther belegen, dieses genialen Sprachschöpfers, der in seinen Predigten und Schriften immer wieder ursprüngliche, natürliche Erfahrungen benutzt hat, um theologisch-geistliche Sachverhalte zum Ausdruck zu bringen: »Darum, lieber Hans Pfriem, tu die Augen auf, sieh den Kirschbaum an! Der wird dir predigen von der Totenauferstehung und dich lehren, wie das Leben aus dem Tode kommt. Wenn der Kirschbaum reden könnte, so würde er zu dir sagen: Lieber, sieh doch mich an zur Winterszeit, wie dürr, wie kahl, wie unfruchtbar, wie tot ich bin. Da findest du an mir weder Laub noch Frucht, weder Saft noch Leben. Aber komm wieder nach Ostern, dann hab ich Saft und Leben, bin weiß von Blüten und grün von Blättern. Komm um Margareta wieder, dann hab ich reife Kirschen und alle Welt freut sich. Wer mich ansieht, wundert sich über mich und spricht: Sieh doch, wie voll hängt der Kirschbaum und welch eine wunderbare Kreatur Gottes ist das ?« (Altenburger Ausgabe der deutschen Schriften Luthers von 1661ff., Seite 394 a)

Licht und Sonne

Judith darf bei ihrer Freundin übernachten. Vor dem Zu-Bett-Gehen kramt sie in ihrer großen Sporttasche und sucht ihre Taschenlampe. Die Mutter hat vergessen, sie einzupacken, und Judith beginnt verzweifelt zu weinen. Als die Freundin endlich den Grund dafür erfährt, beruhigt sie Judith und verspricht: »Meine Mama lässt im Flur das Licht brennen und die Tür ist immer einen Spalt auf. Du kannst leicht rausfinden und brauchst im Dunkeln keine Angst zu haben.«
Wo Licht ist, ist Orientierung möglich. Jesus sagt: »Ich bin das Licht der Welt. Wer mir nachfolgt, der wird nicht wandeln in der Finsternis, sondern wird das Licht des Lebens haben« (Joh 8,12). Das bedeutet, wer Jesus folgt, wird in seinem Leben Orientierung haben. Er wird nicht im Dunkeln tappen, sondern sinnvolle Wege finden. Jesus folgen, heißt, sich an seinem Wort orientieren. Und es bedeutet, das in Christi Auferstehung geschenkte Leben als Quelle und Ursprung auch des eigenen Lebens betrachten zu können.
In der Christenheit wurde das Weihnachtsfest auf den Termin der Wintersonnenwende gelegt, wenn die Tage wieder länger werden und die Sonne höher steigt. Der Sieg der Sonne über die kalten Mächte des Winters und des Frostes sollte ein Zeichen für Christi Sieg über den Tod sein. Darum konnte auch in der christlichen Symbolsprache die Sonne ein Sinnbild für Jesus Christus werden: »Die Sonne, die mir lachet, ist mein Herr Jesus Christ; das, was mich singen machet, ist, was im Himmel ist«, schreibt der Liederdichter Paul Gerhardt im 17. Jahrhundert. Und der erste Tag der Woche, der Tag von Christi Auferstehung wird Sonnen-Tag, Sonntag, genannt.
Zu allen Zeiten haben die Menschen gewusst, dass unser Tageslicht von der Sonne stammt. Darum wundert man sich, dass im Schöpfungsbericht des Alten Testaments, jener so klugen und durchdachten Geschichte, das Licht früher als die Sonne geschaffen wird, bereits am ersten Schöpfungstag, während der Verfasser die Sonne zusammen mit Mond und Sternen erst am vierten Schöpfungstag erwähnt: »Und Gott sprach: Es werde Licht ! Und es ward Licht« (1. Mose 1,3). Diese auffällige Umkehrung hat einen tiefen Grund: Das von Gott geschenkte Licht ist mehr als unser natürliches Sonnenlicht. Die Welt ist von Gott so geschaffen, dass in ihr von Anfang an Orientierung, Einsicht, Erleuchtung und Erkenntnis möglich ist.
In den Psalmen wird dieser Zusammenhang immer wieder herausgestellt: So heißt es in Psalm 36,10: »Bei dir ist die Quelle des Lebens und in deinem Licht sehen wir das Licht«. Das Volk Israel ist so sehr davon überzeugt, dass das Licht mit dem Leben und der Schöpfung verbunden ist und zu ihrem Wesen gehört, dass es allen Menschen nicht nur denen jüdischen Glaubens, dient. Es ist universal wie die Schöpfung selbst. Alle Menschen werden sich an diesem Licht orientieren: »Die Völker werden zu deinem Lichte ziehen und die Könige zum Glanz, der über dir aufgeht« (Jes 60,3), ein Wort, dessen Verheißung wir in der Weihnachtsgeschichte erfüllt sehen. Darum wird in jenem großartigen Lied, das uns das Lukasevangelium überliefert, dem Lobgesang des Simeon, Jesus als ein Licht gepriesen, das alle Völker erleuchtet und zum Ruhm des Volkes Israel wird (Lk 2,32).
Dass Gott Licht geschaffen hat, bedeutet auch, dass Gott selbst nicht im Dunkel bleiben, sondern sich zu erkennen geben will. Gewiss ist uns heute vieles rätselhaft und dunkel, was in der Bibel über Gott zu lesen ist oder was die christliche Tradition von ihm überliefert. Und es stimmt auch, dass es einen verborgenen Gott gibt, weil er uns nicht wie ein Gegenstand des täglichen Lebens zur Verfügung steht. Aber wenn wir genau hinsehen, dann erfahren wir täglich etwas von seinem schöpferischen und bewahrenden Tun, von seiner Güte und Gerechtigkeit.

Vom Erleben zum Verstehen des Symbols

Der Licht- und Sonnensymbolik begegnet das Kind in vielfacher Weise. Dabei erfährt es Licht und Sonne nicht ein-, sondern mehrdeutig.
Licht macht das Sehen und Erkennen möglich, kann aber auch blenden und verwirren. Dunkelheit bringt Entspannung und Ruhe, kann aber auch Angst und Einsamkeit bedeuten. Licht verschwendet sich, erleidet aber keinen Schwund.
Es hat seine Kraft aus der Sonne, die Symbol für das Leben schlechthin ist. Dieselben Kräfte des Sonnenlichtes können das Wachstum ermöglichen, es aber auch ausdörren. Glanz und Lebenskraft der Sonne lassen sie als Bild für Gott gebrauchen, der den Menschen aus der Dunkelheit ins Licht führt.
(vgl. Psalm 36.10)

Teil 1

Wahrnehmung sensibilisieren

Kinder jeden Alters sind fasziniert von Licht und Feuer und leicht durch Lichterfahrungen ansprechbar. Der sensible Umgang damit prägt langfristig ihr Verhalten. Aus der Erwachsenenwelt sehen sie, dass lichtvolle Seiten gerne gelebt und als selbstverständlich hingenommen werden, während Schattenseiten und dunkle Erfahrungen nicht angenommen oder tabuisiert werden. Da Kinder im Äußern von Gefühlen unsere »Lehrmeister« sein könnten, müssen wir ihre Sensibilität erhalten und es ihnen ermöglichen, sich auch mit Schattenseiten auseinander zu setzen. Sie werden dadurch innerlich wachsen, wenn wir ihnen unsere Begleitung zusichern.

Kaum hat ein Kind das Licht der Welt erblickt, so muss sich sein Körper auf den Tag- Nachtrhythmus

einstellen. Diesem Spannungsfeld Licht-Dunkelheit und den damit verbundenen Gefühlen ist es sein ganzes Leben lang ausgesetzt. Die Dämmerung als Übergang zu diesen Gegensätzen wird schon vom Kleinkind bewusst erlebt und positiv empfunden. Es wächst hinein in den Rhythmus der Jahreszeiten, so wie wir ihn versprochen finden in 1. Mose 8,22 »Es sollen nicht aufhören Sommer, Winter, Tag und Nacht ...«.
Das Kind erkennt die Sonne als Lebensspenderin, bekommt Vertrauen in die Ordnung der Dinge durch den beständigen Ablauf in der Natur und spürt eine Parallele zu seinem eigenen Leben.

Erlebnisse

Nach langen trüben Winterwochen zeigte sich der erste sonnige Frühlingsmorgen. Kinder und Erwachsene kamen mit strahlenden Gesichtern in den Kindergarten. Während des Vormittags sagte Linda (5 J.) zur Erzieherin: »Warum sind die heute alle so lieb? Es gibt ja gar keinen Streit.«

Licht- und Sonnenerfahrungen in der Natur

Pflanzen leben vom Sonnenlicht

Pflanzen wachsen dem Licht entgegen

Pflanzen wachsen dem Licht entgegen

■ Beim Säen im neuen Kindergartenbeet achteten wir darauf, dass die größer wachsenden Pflanzen den kleineren das Sonnenlicht nicht wegnehmen. In den folgenden nasskalten Aprilwochen sind die Kinder enttäuscht vom langsamen Wachsen und würden gerne nachhelfen.
Doch die Maisonne mit ihrer Kraft gibt den Pflanzen einen Wachstumsschub, sodass die Kinder fast täglich Veränderungen entdecken können. Sie staunen darüber, wie sich die Sonnenblume nach dem Stand der Sonne dreht. Bei den Erbsen- und Bohnenranken am Drahtgeflecht entwickelten sich nur an der Südseite Triebe und Knospen. Frühmorgens betrachten wir die Blüten des Löwenzahns, wenn sie noch geschlossen sind, und beobachten in Abständen bis Mittag, wie sie sich öffnen. Nicht alle Blüten schließen sich wie bei ihm am Abend und bei schlechtem Wetter.

■ Wir suchen nach weiteren Spuren, wie Sonne auf das Leben der Pflanzen wirkt, und entdecken: trockene Rinde an der Südseite der Bäume, zarter Moosbewuchs an der Nordseite – lichte Grasstellen auf der Rasenfläche, moosdurchsetzter Rasen unter den Obstbäumen – hochgeschossene Narzissenblätter unter Sträuchern neben blühenden Narzissen im Beet. Gemeinsam suchen wir nach den Ursachen für die Beobachtungen.

Im Anschluss daran könnte ein Lied zum Lob der Sonne gesungen und eventuell ein Bewegungsspiel dazu entwickelt werden.

Wichtige Erfahrungen der Kinder:

- Sonnenlicht lässt Pflanzen wachsen und blühen.
- Sonnenlicht lässt die Farbe der Pflanzen leuchten.
- Pflanzen vertrocknen in der Sonne ohne Wasser.
- Wachsen braucht Zeit.
- Die Vorgänge in der Natur sind geheimnisvoll und bestaunenswert.
- Die Schöpfung ist ein Geschenk an uns.
- Sie braucht unseren Schutz.

Anmerkung: Ist kein Garten verfügbar, so lassen sich auch im Blumentopf auf der Fensterbank Sonnenblumen-, Bohnen- und Erbsenkerne ziehen.
Jeder Ausflug in's Grüne oder zu einer Gärtnerei kann genutzt werden, um Beobachtungen vom Einfluss der Sonne auf Pflanzen zu machen.

Licht und Schatten auf der Spur

Licht und Schatten suchen

■ Bei Sonnenschein suchen wir auf dem Kindergartengelände sonnige und schattige Plätze. Wo gefällt es uns am besten? Jedes Kind sucht sich einen geeigneten Platz aus, erzählt uns seinen Grund dafür und wie es sich dort fühlt. Dabei wird deutlich, dass der düstere Schattenplatz angenehm kühl und der helle Sonnenplatz auch unangenehm heiß empfunden werden kann.

Schattenjagen

den Schatten festhalten

■ Ein Kind läuft hinter dem anderen her und bemüht sich, seinen Schatten zu fangen. Tritt es auf den Schatten, werden die Rollen getauscht.

Schattenfiguren

■ Wir beobachten, wie unser Schatten mit uns geht und alle unsere Bewegungen mitmacht. Wir spielen mit dem Rücken zur Sonne Hampelmann, verwandeln uns in verschiedene Tiere und probieren aus, wie diese im Schatten-Bild gut erkennbar werden: Elefant (Arm als Rüssel) usw.

mein Schatten gehört mir

Die Tierschatten von je zwei Kindern nehmen Kontakt miteinander auf, beschnuppern sich, erraten das Tier und spielen zusammen.

Variante: Kinder bewegen sich nach eigener Phantasie hüpfend, laufend, hopsend oder trippelnd im Kreis mit großzügigen Armbewegungen. Auf ein vereinbartes Zeichen mit der Handtrommel stoppen sie in ihrer Bewegung. Dabei entstehen skurile Schattenfiguren, die viel Spaß machen und zu weiterer Kreativität anregen.

Regenbogen – Effekt

Licht ist bunt

■ Spritzspiele im Badeanzug mit dem Gartenschlauch bringen in der starken Sonne das »Innere« des Lichtes, die Spektralfarben zum Schillern. Nur kurz und zart bietet sich uns dieses Schauspiel.

Warum schrumpft der Schatten

■ Bei sonnigem Wetter beobachten wir morgens im Freien die langen blassen Schatten der Bäume, anderer Gegenstände und unsere eigenen Schatten.

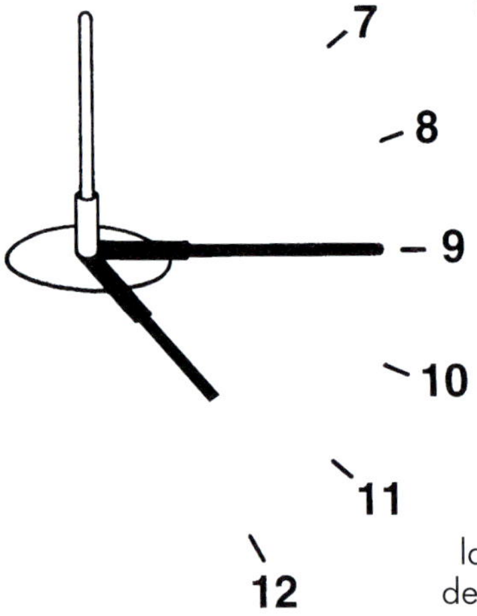

Auf eine unbewachsene Fläche (Platten oder Erde) stellen wir den Fuß eines Sonnenschirmes mit einem Besenstiel. Der schräge Einfallswinkel der Sonnenstrahlen hinterlässt einen langen Schatten, den wir an seinem Ende mit Kreide oder einem Stock markieren und die derzeitige Uhrzeit dazuschreiben. Das Gleiche wiederholen wir vormittags und zur Mittagszeit (z.B. 9 Uhr, 11 Uhr, 13 Uhr) und stellen fest, dass mit dem hohen Sonnenstand der Schatten kürzer wird.

Anschaulicher ist es für die Kinder, wenn sie neben die Uhrzeiten mit Kreide passende Bilder aus dem Kindergartenablauf malen.

Wichtige Erfahrungen der Kinder:
(in der Reihenfolge der Spiele)

- Licht erzeugt Schatten.
- Sonnige Plätze sind hell und warm.
- Schattige Plätze sind düster und kühl.
- Der Bewegungsdrang kann ausgelebt werden.
- Schnelle Reaktionsfähigkeit ist erforderlich.
- Beobachtungs- und Einfühlungsvermögen werden geschult.
- Innere Bilder können in Bewegung ausgedrückt werden.
- Spielen mit Wasser macht Spaß.
- Licht wird zerlegt in Spektralfarben.
- Lichteindrücke verändern sich im Tagesablauf.
- Schattenlänge, abhängig vom Stand der Sonne.
- Schattenlänge gibt die Tageszeit an.
- Diese Messeinrichtung (Gnomon) war Vorläufer der Sonnenuhr.

Stilleübung: Sonne tanken

wir genießen die Sonne

■ An einem sonnigen, nicht zu heißen Tag legen wir uns auf die Spielwiese: *Wir liegen entspannt auf dem Rücken. Unsere Augen richten sich zum Himmel – wir lassen seine Farben auf uns wirken – wir beobachten die Wolken und ihre Formen – sie werden von der Sonne angestrahlt – wir drehen langsam unseren Kopf dem Sonnenlicht entgegen und schließen die Augen. – Wir spüren ihre Wärme auf unserer Haut, auf unserem ganzen Körper – die Sonne schenkt Kraft und Leben – es tut gut, so zu liegen – wir träumen* (längere Stille einhalten). *Langsam kommen wir von unserer Traumreise zurück. Jeder packt seinen Traum sorgsam ein – schnürt ihn gut zu – und kann ihn wieder herausholen, wenn er ihn braucht. Wir atmen tief ein – langsam aus – und öffnen die Augen. Jetzt haben wir viel Sonne in uns aufgenommen – wir setzen uns auf. Nun nimmt jeder seine Träume mit.*

Licht und Dunkel – Erfahrungen im Raum

Dämmerung zeichnet weiche Konturen

■ An einem Morgen im Spätherbst verzichten wir auf die Beleuchtung im Gruppenraum und nehmen bewusst wahr, wie die Dämmerung dem Tageslicht weicht, sich die Stimmung im Raum verwandelt und die Schatten in ihren Konturen weich werden. Nach einer Zeit der Stille entstehen vielleicht leise Gespräche untereinander, Austausch von Angsterlebnissen, kuscheln in Kissen oder nur ein Vor-sich-hinsummen.

wir erwarten den Tag

Erst wenn die Kinder den Wunsch nach Licht äußern, rücken wir zusammen, lesen aus der Schöpfungsgeschichte vor (1. Mose 13) und zünden dazu eine Kerze an. Wir schauen in das warme Licht und spüren, dass wir täglich in den Schöpfungsprozess eingebunden sind. »da wurden Morgen und Abend« (1. Mose 1,19).
Mehrere Kinder zünden nacheinander Kerzen an und verteilen sie im Raum. Nun wird es hell und wir singen »Tragt in die Welt nun ein Licht« (siehe S. 15).

Licht – und Schattenbeobachtungen: Eine Kerze durchbricht die Dunkelheit

(Raumbeschaffenheit vorher den Kindern erklären)

■ Gemeinsam gehen wir in einen lichtlosen Raum. In der Stille hören wir unseren Atem. Kleinste Geräusche werden wahrgenommen, wir wissen aber nicht, woher sie kommen. Wir fühlen uns gegenseitig, doch die totale Dunkelheit ist beklemmend. Die Zeit scheint endlos lang. Eine Kerze wird angezündet, viele atmen auf, das Licht breitet sich aus. Wir sehen unsere erleuchteten Gesichter und unsere verzerrten Schatten an der Decke, die sich durch das flackernde Kerzenlicht bewegen. Selbst bei geschlossenen Augen stellen wir fest, dass die Dunkelheit durch ein Kerzenlicht nicht mehr so stark ist. Im Anschluss daran sollten die Kinder ihre Erlebnisse im Gespräch, in einer Verklanglichung »aus dem Dunklen zum Licht« oder beim Malen verarbeiten können.

Licht nimmt uns die Angst

Lichtervergleiche: mit Sonnen-, Kerzen- und Projektorlicht

■ ***Bei hellem Sonnenlicht*** sitzen wir nahe am Fenster. Wir sehen uns in helles Licht getaucht. Ist es auf der gegenüberliegenden Zimmerseite auch noch so hell? Entdecken wir Schatten?

■ ***Mit dem Taschenspiegel*** fangen wir das Sonnenlicht ein und lassen die Sonnenflecken durch's Zimmer wandern. Welches ist die dunkelste Ecke, die wir anstrahlen können?

■ In einem abgedunkelten Raum sitzen wir um eine ***brennende Kerze***. Wir beobachten ihr warmes Licht auf unseren Gesichtern. Jeder versucht, es vorsichtig mit seinen Händen abzuschirmen, alle Hände »bauen« eine »Glocke« über die Flamme und wir entdecken jeweils, dass schwaches Licht zwischen den Fingern durchschimmert. Das Kerzenlicht breitet sich gleichmäßig im Raum aus und wirft sanfte Schatten.

vom warmen Licht

■ Stellen wir einen ***Projektor*** neben die Kerze, so durchdringt sein Lichtkegel mit scharfen Konturen den Raum und zeichnet harte Schatten. Das starke Licht deckt sonst Verborgenes auf und macht sogar den feinsten Staub in der Luft sichtbar.

und vom kalten Licht

Abschließend tauschen wir unsere Lichterfahrungen über die drei Lichtquellen aus. Neben den sachlich-physikalischen Beobachtungen geben wir den emotionalen Wahrnehmungen viel Raum und können so vielleicht manch »dunkles« Erlebnis aufarbeiten.

Spiel mit farbigem Licht

■ Die Kinder bekommen verschiedene Kaleidoskope. Durch Drehen verändern sich die bunten Bilder.

■ Aus dem Diaprojektor mit Transportschlitten wird dieser herausgenommen, sodass ein ca. 5 cm breiter Freiraum entsteht. Hier können Glasstreifen (Abfall vom Glaser) eingeschoben werden, die vorher unterschiedlich gestaltet wurden:

wir setzen Dinge ins rechte Licht

- Glasscheiben, mit buntem Glühlampenlack bemalt, haben große Leuchtkraft. Er wird gemalt, getropft, geschabt oder geritzt usw. Mit Alleskleber durchzogen, »arbeitet« das Bild im warmen Projektor.
- Profilgläser zeigen ihre Glasmuster deutlicher durch Verstellen der Brennweite.
  Davor geschobene Buntgläser erhöhen den Reiz.
- Glasstreifen, mit verschiedenen Materialien beklebt, wie Federn, Wollfäden, Haare, Watte, kleine Pflanzen, Gazestoffe usw.

Anmerkung: Auch Rußbilder eignen sich zum Experimentieren (siehe Kapitel Luft, siehe S. 42).

Mit dem Lied: »Erzählen will ich dir« danken wir Gott für sein Lichtgeschenk.

Teil 2

Erfahrungen von der Wirklichkeitsebene auf die Symbolebene übertragen

Gespräche – Bräuche

Kinder sind von einer visualisierten Welt umgeben, die ihnen Sprachlosigkeit aufdrängt. Dabei verkümmert das Wahrnehmungsvermögen, Bedürfnisse, Nöte und Sehnsüchte verschwinden im »Dunklen«. Doch Wahrnehmen und Erkennen dieser Schattenseiten und sich darüber aussprechen, können das Dunkel auflösen und Konflikte entschärfen. In unserer Sprache drücken wir häufig unsere Innenwelt mit Erscheinungen unserer Außenwelt aus, wenn wir z.B. nicht über unseren Schatten springen können. Auch Kinder verdeutlichen die Ausdrucksdimension unserer Sprache in ihren kreativen Wortschöpfungen und vor allem in ihrem bewussten Nachfragen.

Ideenbörse Licht – Sonne

■ Für die eigene Vorbereitung, Teambesprechungen oder für einen Elternabend kann ein Nachdenken über unsere Bild-Sprache sehr hilfreich sein. Ein schönes Erwachsenenspiel ist das Malen von Redensarten. Kindern sind sie weniger geläufig. Man kann sie mit ihnen entdecken, doch sie zeigen mehr Phantasie bei Wortzusammensetzungen.

uns geht ein Licht auf

Sich aussprechen

■ Die vielen Erfahrungen der Kinder über ihre Erlebnisse von Licht und Dunkelheit regen zu einem Gespräch an. Gerne erzählen sie von lustigen, frohen Erlebnissen und drücken es mit strahlenden Augen aus. Erzählen sie aber von ihren Angsterlebnissen, so drückt die düstere Mimik »dunkle« Gefühle aus. Erzählt ein Kind von seinen Erlebnissen, so üben wir uns alle im Hin- und Zuhören.

sich mitteilen tut gut

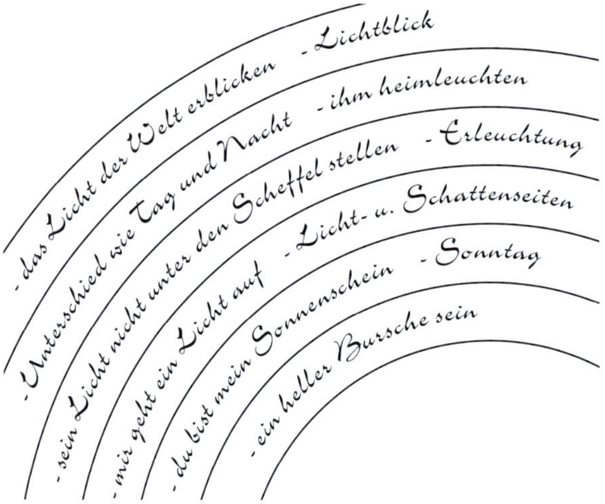

■ Im Klangspiel mit Orffinstrumenten können die Erfahrungen ausgedrückt werden. Liegen je drei Instrumente mit tiefer und hoher Klangfarbe aus, so können die Kinder selbst wählen.

Bräuche vom Licht- und Sonnensymbol

■ Bräuche greifen die Symbolik auf und geben sie an Generationen weiter. Geläufiges lässt uns oft seinen tieferen Sinn vergessen. Hier kann ein kurzer Auszug vielleicht Impulse geben, sich näher damit zu beschäftigen.

Die Lichtsymbolik drückt sich am deutlichsten in der Kerze aus und begleitet die Liturgie durch das ganze Kirchenjahr:
***Osterkerze* – Christus**, das Licht, das uns Leben schenkt.
Osterkerze beschriftet – Zeichen einer tragbaren Siegessäule.
Adventskranz *und* ***Christbaum*** – künden das »neue« Leben an.
Taufkerze – vertritt das »Licht Christi«, Christus selbst
»ewiges Licht« - brennt in kath. Kirchen als Zeichen der Gegenwart.

Die Sonnensymbolik

Sonne – das österliche Symbol. Deshalb findet die Auferstehungsfeier bei Sonnenaufgang statt.
Osterfeuer – zum Lobpreis der aufgehenden Sonne
Sonne – das Symbol des Lebens und der Freude, finden wir auf Glückwunschkarten, Möbeln, Türen ...
Johannisfeuer – damit wird der höchste Sonnenstand (Sonnenwende) in der Johannisnacht gefeiert, Feier der Geburt Johannes des Täufers.
Sonn-tag – Sonnentag, Tag der Auferstehung und ers-ter Tag der Woche.

Geschichten

Die Urerfahrungen der Menschen mit der Licht- und Sonnensymbolik sind ein zentrales Thema in Geschichten, Erzählungen, Sagen, Mythen und Märchen, die sich bis in die vorchristliche Zeit verfolgen lassen. Je nach Epoche, Kulturkreis und Religion setzen sich die Menschen in vielfältiger Weise damit auseinander. Christen finden die Licht- und Sonnensymbolik in besonderer Klarheit im Neuen Testament.

Erzählung:
Schenken macht nicht ärmer

Die Sonne zog am Himmel hin, heiter und stolz auf ihrem Feuerwagen. Voller Freude streute sie ihre goldenen Strahlen nach allen Seiten, zum großen Ärger einer grauen, schlecht gelaunten Wolke, die murrte: »Verschwenderin, Vergeuderin, wirf deine goldenen Strahlen nur weg, wirf sie nur weg, du wirst schon sehen, was du am Schluss übrig behältst.

sich verschenken und doch alles behalten

»Jede kleine Traube, die im Weinberg auf ihrem Rebstock reifte, holte sich in der Minute einen goldenen Sonnenstrahl, ja sogar zwei, und da waren kein Grashalm, keine Spinne, keine Blume, kein Wassertropfen, die sich nicht ihren Teil Sonne genommen hätten. »Lass dich nur von allen ausrauben, du wirst schon sehen, wie sie dir dafür danken, später, wenn du nichts mehr hast«, brummte die Wolke. Die Sonne aber setzte fröhlich ihre Reise fort und verschenkte großmütig ihre Strahlen nach rechts und links, Millionen, Milliarden goldener Strahlen. Erst als die Dämmerung heraufkam, zählte sie die Strahlen, die ihr geblieben waren: Und schaut her! Es fehlt ihr nicht einer. Keiner. Nicht ein einziger. Die graue Wolke, von Staunen und Zorn übermannt, platzte in lauter eisige Hagelkörner auseinander. Die Sonne aber tauchte fröhlich ins Meer.

Die Geschichte von den vier Kerzen am Adventskranz

Vier Kerzen brannten am Adventskranz. Es war ganz still. So still, dass man hörte, wie die Kerzen zu reden begannen. Die erste Kerze seufzte und sagte: »Ich heiße Frieden. Mein Licht leuchtet, aber die Menschen halten keinen Frieden, sie wollen mich nicht.« Ihr Licht wurde immer kleiner und verlosch schließlich ganz. Die zweite Kerze flackerte und sage: »Ich heiße Glauben. Aber ich bin überflüssig. Die Menschen wollen von Gott nichts wissen. Es hat keinen Sinn mehr, dass ich brenne.« Ein Luftzug wehte durch den Raum und die zweite Kerze war aus. Leise und sehr traurig meldete sich nun die dritte Kerze zu Wort. »Ich heiße Liebe. Ich habe keine Kraft mehr zu brennen. Die Menschen stellen mich an die Seite. Sie sehen nur sich selbst und nicht die anderen, die sie lieb haben sollen.« Und mit einem letzten Aufflackern war auch dieses Licht ausgelöscht.

auch eine Kerze gibt Hoffnung

Da kam ein Kind in das Zimmer. Es schaute die Kerzen an und sagte: »Aber, aber ihr sollt doch brennen und nicht aus sein!« Und fast fing es an zu weinen. Da meldete sich auch die vierte Kerze zu Wort. Sie sagte: »Hab keine Angst! Solange ich brenne, können wir auch die anderen Kerzen wieder anzünden. Ich heiße Hoffnung.« Mit einem Streichholz nahm das Kind Licht von dieser Kerze und zündete die anderen Lichter wieder an.

Gestaltungsimpuls

■ Hier ergänzt das ausbaufähige Lied »Tragt in die Welt nun ein Licht« (siehe S. 15). Die Strophen können mit den Kindern erfunden werden.

Hier ein Beispiel:
Wenn am Ende der Geschichte die Hoffnungskerze spricht, singen wir: *Tragt zu den Kranken ein Licht,* beim Anzünden der weiteren Kerzen:

Freude/Trauer: *tragt zu den Stillen*
Friede: *tragt zu den Streitenden*
Liebe: *tragt zu den Verstoßenen*

Darin erkennt das Kind einen unmittelbaren Zusammenhang zu seiner Lebenswelt.

Bilder – Dias

Wenn wir von Bildbetrachtung sprechen, so ist mit Sehen-Schauen-*Betrachten* die intensivste Form des Sehens erreicht. Dabei wird jedem deutlich, dass Zeit und Ruhe dafür Voraussetzung sind. Die Stille überträgt sich auf unsere Augen, der Blick wird ruhig, er kann auf einem Gegenstand »ruhen« und sich Freude, Information oder Antwort holen.

Stilleübung: Unser Auge ruht

■ Wir sitzen bequem in einem großen Kreis und schenken unseren Augen zwei Minuten Aufmerksamkeit.

in Ruhe betrachten

»Wir werden still und lassen unsere Augen im Raum schweifen ... Habe ich einen Punkt gefunden, bei dem ich bleiben möchte, so lasse ich meine Augen darauf ruhen, ich betrachte ihn und frage mich: Was fällt mir auf? Welche Gedanken habe ich dabei? (längere Stille) *Langsam kommen wir mit unseren Gedanken wieder in die Gruppe zurück.«*

Im Anschluss daran könnte von Jesus erzählt werden, der in einem Gleichnis das Auge als Licht des Körpers bezeichnet (Lk 11, 33-36).

Zur Bildbetrachtung eignen sich Bilder oder Fotos:

Bilder sprechen zu uns

- Landschaften zu verschiedenen Tageszeiten und Jahreszeiten;
- Situationsdarstellungen von Freude und Trauer, am Tag und bei Nacht;
- aber auch Malarbeiten der Kinder, die gedeutet werden können oder aus denen ein Gegenstand oder eine Person herausgehoben und besprochen wird;
- biblische Geschichten, auf denen das strahlende Licht, meist von Jesus, Engeln oder Heiligen ausgeht, so z.B. die Verkündigungsszene von Fra Angelico, Darstellung des Weihnachtsgeschehens alter Meister;
- Gemeinschaftsbild »Schenken macht nicht ärmer«, dazu lesen wir die Geschichte und sprühen auf die besagten Stellen (Grashalm, Spinne...) etwas Goldspray;
- Lichterkirche zur Osternacht aus wastwie Heft 1/83;
- Diameditation, Thema »Licht und Dunkel« (siehe Literaturhinweis);
- Dia von Kirchenfenstern.

Lieder – Tanz – Musik

Lieder vom Licht greifen in ihrem Inhalt meist stille, verborgene Sehnsüchte auf, die Dunkelheit zu überwinden, und sie geben Trost und Mut. Man könnte auch sagen, sie verbreiten Hoffnungsschimmer. Lieder von der Sonne erzählen von ihrer Leben spendenden Kraft für die Schöpfung, ziehen Vergleiche zu Gottes Liebe und strahlen Freude und Dank aus.
Die Kinder fühlen sich durch sie verstanden und können sich beim Singen, Tanzen und Musizieren ganzheitlich ausdrücken.

Erzählen will ich dir

Text und Musik: Wolfgang Longardt
aus: Leben im Jahreskreis, Bd. 2. Herbst und Winter im Kindergarten, Verlag Herder, Freiburg 4. Aufl. 1991

Dazu Orff-Instrumente

Ostinato

Xylophon

Ostinato
in Grundstellung

■ Das Lied unterstreicht mit seiner Aussage unsere Lichtexperimente (Teil 1), auch Imaginations – und Schattenspiele. Der Refrain eignet sich als Hoffnungslied für viele Situationen, z.B. nach der Geschichte »Die vier Kerzen« (siehe S. 13).

Tragt in die Welt nun ein Licht

2. Tragt zu den Alten ein Licht

Licht für alle Menschen

3. Tragt zu den Kranken ein Licht
4. Tragt zu den Kindern ein Licht

Die Kinder ergänzen gerne weiter z.B. mit Großeltern, Freunden, Tieren, Toten ...

Text und Musik: Wolfgang Longardt

■ Jede Strophe lässt sich gut auf einem Bild darstellen. Als Galerie aufgereiht, wird beim Singen zu jedem Bild eine Kerze gestellt.
■ Das Lied kann begleitend gesungen werden zur Prozession, Ein- und Auszug beim Fest und zum Lichtertanz.

Musikvorschläge zum Lichtertanz:

- Andante aus: Antonio Vivaldi, Gitarrenkonzert in D-Dur.
- »Flute of God«, Kassette *Light & Sound* von Michael Ramjoné.

Lichtertanz

■ Der Raum ist abgedunkelt. Die Kinder halten in der rechten Hand ein Glaslicht (siehe S. 17) und gehen nach der Musik zu folgendem Ablauf:

wir strahlen mit der Kerze

Gehen paarweise in Kreisrichtung – bleiben stehen und die Paare drehen sich zueinander – heben und senken die Lichter – drehen sich um sich selber – das außen stehende Kind geht mit seinem Licht um den Partner – dasselbe macht das innen stehende – die außen stehenden Kinder gehen in Schlangenlinien um die innen stehenden Kinder – dasselbe machen die innen stehenden und bleiben zurückkommend neben ihrem Partner stehen – alle gehen zur Mitte, heben die Lichter zu einer »Krone« – gehen rückwärts wieder zur Kreislinie – verneigen sich zur Mitte.
Abschließend können die Lichter an Zuschauer gegeben werden oder als Raumschmuck dienen.

Osterkerze, Osterlicht

2. Jesu Freunde weinten sehr, da kam frohe Nachricht her (dann Refrain)
3. Mitten unter uns ist ER, bringt uns Trost und Freude her (dann Refrain)

Text und Musik: Wolfgang Longardt

Gestaltungsimpulse

das hellste Licht bringt Leben

Die Kinder haben Gesichterscheiben aus Pappe an einer Schnur um den Hals gehängt. Das Gesicht ist auf einer Seite fröhlich, auf der anderen Seite traurig dargestellt.
Eine Osterkerze wird im Kreis entzündet und je nach Textstelle das frohe oder das traurige Gesicht gezeigt.
Vor der 3. Zwischenstrophe können Zimbeln erklingen oder ein österliches »Halleluja«.
Die Gesichtsscheiben können abgenommen und mit dem fröhlichen Gesicht nach oben als Jünger oder Freunde Jesu um die Osterkerze gelegt werden, während die Kinder einen Reigen tanzen.

Gottes Liebe ist wie die Sonne getanztes Gebet

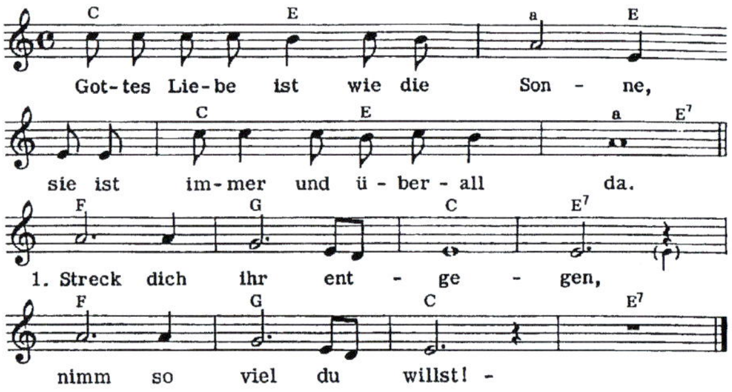

2. Trinke ihre Strahlen, nimm sie in dich auf. –
3. Hinter grauen Wolken scheint sie strahlend hell. –
4. Sie kann dich verändern, heute, wenn du willst. –
5. Sie will dir begegnen am Kreuz des Herren Christ. –
6. Gib ihr deine Antwort, vertrau dich ihr ganz an. –

8. Gib diese Liebe weiter grad an den, der dich nicht lieben will! –

Getanztes Gebet

Kehrvers: Gottes Liebe ist wie die Sonne, sie ist immer und überall da
Die Hände über dem Kopf zu einem Kreis formen. Sich im Takt der Musik leicht hin und her bewegen.
■ Zu den Strophen 1 – 8 überlegen wir mit den Kindern eine pantomimische Darstellung.

Malen – Basteln – Gestalten

Wir alle kennen die Wirkung von sonnigen, strahlenden Kinderzeichnungen, weil sie die Freude und Lebenslust in uns trifft. Betroffen können uns düstere, traurige Kinderbilder machen, weil sie uns Ängste und Enttäuschung spüren lassen. Kinder antworten auf ihr Befinden auch in Bildern und im Gestalten. Personifizierte Sonnen sind oft in Kinderzeichnungen, weil sie einfach zum Himmel gehören, können aber auch symbolische Aussage haben für die Beziehung des Kindes zu seiner Umwelt.

Verzieren einer Namenskerze

mein Name leuchtet dir

»Ihr seid das Licht der Welt« (Mt 5,14-16) sagt Jesus und ermutigt jeden von uns, ein Lichtträger zu sein. In der Taufe hat er jeden bei seinem Namen gerufen und ihm seinen Schutz zugesagt.
■ Jeder verziert seine Namenskerze, die das Jahr über zu vielen Gelegenheiten und Anlässen brennen kann.

Material:
Stumpenkerzen, Wachsfolie oder Zierwachs in verschiedenen Farben, kleines Messer, Unterlage.

So wird's gemacht:
Auf einer Unterlage wird geknetetes Zierwachs zur Rolle geformt, um daraus Buchstaben zu legen; bei der Wachsfolie hingegen werden die Buchstaben herausgeschnitten. Die Motive zur Verzierung werden bei beiden Materialien mit dem Messer herausgeschnitten. Im Gruppenraum unseres Kindergartens stehen die Namenskerzen bei der Jesuskerze an einem besonderen Platz.

Licht und Finsternis malen

■ Beim Vorlesen der Schöpfungsgeschichte (1. Mose 1,4) entstehen im Kind Bilder der elementaren Gegensätze von Licht und Finsternis. Im anschließenden Gespräch wird deutlich, wie sehr die Kinder diese Dynamik von Finsternis, Chaos, Nacht und Leere und andererseits von Licht, Strahlen, Leuchten und Funkeln beschäftigt. Über mehrere Tage malen die Kinder dazu ihre Eindrücke in den verschiedensten Farbabstufungen von *Finsternis* mit wasserlöslichen Holzbeizefarben auf Tapete, *Licht* mit Wasserfarben auf Zeichenpapier.

Licht vertreibt das Dunkel

Werden die Bilder im Raum aufgehängt, so können wir den großen Spannungsbogen von Licht und Finsternis auf uns wirken lassen.

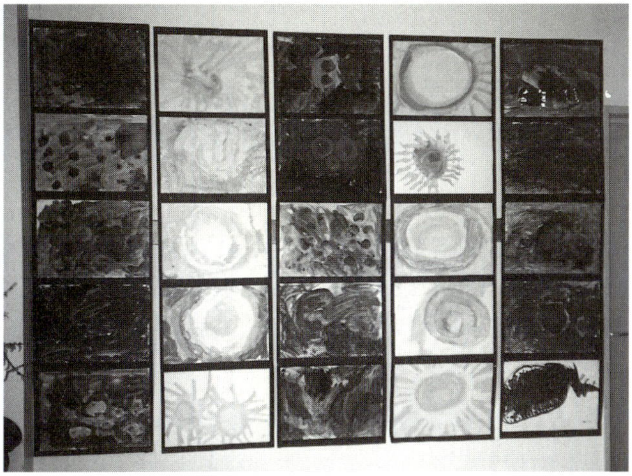

Glaslichter

Material:
alte Gläser (z.B. Senfgläser) mit dickem Glasboden – Transparentpapier – Kleister – Pinsel – Teelicht.

So wird's gemacht:
Aus verschiedenfarbigem Transparentpapier werden Streifen gerissen. Eine kleine Glasfläche wird jeweils mit Kleister bestrichen und das Transparentpapier aufgeklebt, bis das ganze Glas bedeckt ist. Das farbige Transparent ist wirkungsvoller, wenn sich Streifen auch überlappen.
Der Vorteil eines wulstigen Glasbodens ist es, dass beim Tanzen auch die Kleinsten das Glas »im Griff« haben.

mit Lichtern tanzen

Spiele

Spiele zum Licht und Sonnensymbol sind nicht laut und polternd, sondern eher verhalten und haben meist die Wirkung von Sonne und Licht zum Inhalt. Sie erweitern unser Wissen um Naturgesetze und lassen uns staunen und danken für die Schöpfung. Lichterfahrungen in der Gemeinschaft schaffen Vertrauen und machen uns sensibel für emotionale Beziehungen untereinander.

Stegreif-Rollenspiel: Schenken macht nicht ärmer

■ Beim Spiel der Geschichte »Schenken macht nicht ärmer« (siehe S. 13) werden alle Kinder einbezogen. Für jeden gibt es eine Aufgabe: ***Spinnen***, über ***Äste*** krabbeln usw. Als Requisiten für die ***Hauptdarsteller*** eignen sich einfarbige Tücher zum Umhängen. Die ***Sonne*** mit gelbem Tuch bekommt zum Verteilen gelbe Streifen aus Krepppapier, die ***Dämmerung*** wird durch Zuziehen der Gardinen angedeutet. Die ***Wolke*** mit dunklem Tuch sitzt beobachtend auf einer Trittleiter und lässt Murmeln als ***Hagelschauer*** niederprasseln. Nun wird die Geschichte langsam vorgelesen und bei Spielvorgängen eine Pause gemacht. Den Sprechpart übernehmen die Kindergartenkinder eigenständig.

wir lassen uns gerne einen Strahl schenken

■ Die beschenkte ***Natur*** kann abschließend einen Reigen um die Sonne tanzen.

Sein Gesicht leuchtet wie die Sonne (Mt 17,1-10)
■ Es wäre reizvoll, nach dem Experimentieren von Licht und Schatten (Teil 1) die biblische Geschichte

von Jesu Verklärung auf dem Berg Tabor als Schattenspiel von den Kindern pantomimisch darstellen zu lassen. (Hinweis in Was+wie Heft 4/88, S. 250) Die »Verklärung« machen wir durch eine zusätzliche Lampe hinter der Leinwand deutlich. Zum Spiel könnte der Bibeltext oder noch besser kindgerechte Nacherzählungen aus Was+wie Heft 2/86 und Heft 1/89 gelesen werden.

der Schatten erzählt

Stilleübung: Lichterkranz

Ihr seid das Licht der Welt (Mt 5,14-16)

■ Der Raum ist abgedunkelt. Die Kinder sitzen im Stuhlkreis und jeder hat seine Namenskerze vor sich stehen (nicht angezündet). Um die Jesuskerze in der Kreismitte liegen eingerollte Bänder je nach Anzahl der Kinder und Erwachsenen.

Wir schauen auf die brennende Kerze – sie gibt so viel Licht, dass wir uns alle sehen können – wir können auch erkennen, wer neben uns sitzt – das Licht der Kerze spiegelt sich in seinen Augen – die Kerze ist das Zeichen für Jesus – sein Licht leuchtet zu uns allen – er macht uns Mut, auch an andere weiterzugeben.

das Licht weiter geben

[Die Textstelle *aus der Bibel* wird langsam vorgelesen] Nun entrollt ein Kind das Band und legt von der Jesuskerze aus einen Weg zu einem Kind im Kreis. Dann zündet es dessen Kerze an der Jesuskerze an und bringt ihm dieses Licht. Nun darf das Kind den nächsten Weg legen und das Licht bringen. Wenn alle Bänder ausgerollt sind und die Namenskerzen brennen, sehen wir einen Lichterkranz, der den ganzen Raum erhellt. Zum Lied »Tragt in die Welt nun ein Licht« (siehe S. 15) ziehen wir aus dem Raum.

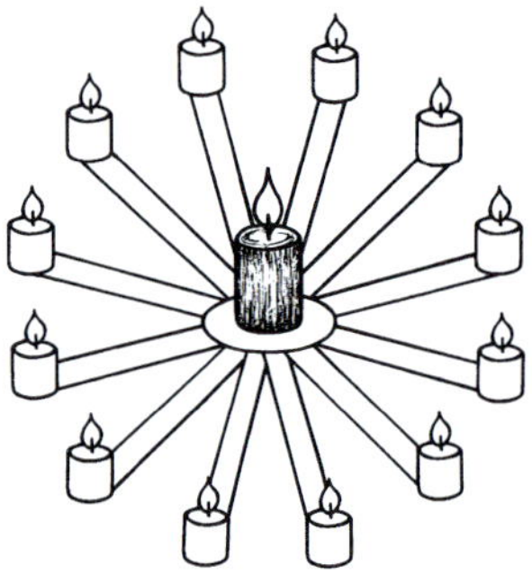

■ Nach Ostern könnte für diese Lichtfeier die Osterkerze aus der Kirche geholt werden.

Gemeinde einbeziehen

Andacht zum 1. Advent: »Das Adventlicht weiterschenken«

Impulse für die Andacht

Bei den Lichterfahrungen in den letzten Herbstwochen beeindruckte die Kinder besonders,

- dass ein kleines Licht Angst vertreiben kann und Freude schenkt und
- dass sich eine Kerze dabei verzehrt, Licht abzugeben.

Diese Grunderfahrungen sollten in einer Andacht ausgestaltet werden

Das Licht aus der Kirche wollten wir durch zwei Adventskränze an Seniorenheime weitergeben, zu denen schon Kontakt bestand. Jeden Tag sollte ein anderer Heimbewohner den Kranz für sich behalten dürfen. Zu Weihnachten sollten die Lichter im Gemeinschaftsraum des Heimes für alle leuchten.

In der Vorbereitung

wurden die Familien und Senioren (ein Brief je Heim) durch selbst gestaltete Briefe eingeladen. Die Eltern organisierten einen Fahrdienst für die Senioren. Einige Mütter halfen beim Binden der beiden Adventskränze und die Kinder schmückten sie mit gebastelten Herzen und Sternen.

Zur Andacht

war die Kirche schwach beleuchtet, im Altarraum brannte die Osterkerze. Nach dem Einzug der Kindergartenkinder mit Orgelbegleitung begrüßte der Pastor alle Familien und die Senioren und führte in das Thema ein. Dann hörten wir in der Lesung Jes 9,1-2 vom Volk, das im Dunkel lebt und sein helles Licht sieht.

Mit dem Licht der Osterkerze wurde nun das 1. Licht am Altartisch angezündet. Dazu sangen alle die 1. Strophe des Liedes »Wir sagen euch an ...« Nun folgte der Lichtertanz (siehe S. 15) der Kindergartenkinder mit Glaslichtern um den Altartisch zur Orgelmusik. Der Pastor sprach ein Gebet, segnete die Adventskränze und Kinder überreichten sie den Senioren. Eingerahmt von den Kindern mit ihren Glaslichtern zogen alle mit dem Lied »Tragt in die Welt ein Licht« aus.

Am Ausgang erhielt jeder ein Teelicht, um Freude weiter zu schenken.

Hinweise zur Weiterarbeit: Licht und Sonne

Beiträge aus Was+wie

Bezug zum Licht
3/85 Das einladende Licht
3/85 Auf das Licht schauen
4/85 Von Finsternis und Licht
4/86 vom Licht und allerlei Lampen
2/88 Licht und Schatten auf meinem Lebensweg
2/88 Wer hat Angst vorm Dunkeln
2/88 Licht und Schatten
2/88 Licht und Schatten in unserer theologischen Tradition
2/88 Das Spiel zur Schöpfung
1/89 Wenn hinter dunklem Kreuz die Ostersonne aufgeht
1/89 Jakobs Weg zwischen hell und dunkel
1/89 Im Licht Gottes – in der Finsternis der Angst und Not
1/92 »Ich bin das Licht der Welt«
3/92 Wahrnehmen von Licht und Landschaft
4/92 Was kann in diesen Tagen

Bezug zur Sonne
2/85 Sonne, wo bist du, Regen, wo bist du?
2/85 Vom Aufgang der Sonne bis zum Niedergang
1/96 Ostersonne als leuchtendes Zeichen

Gottesdienste
1/83 Lichterkirche zur Osternacht
1/86 Das verwandelte Osterkreuz
4/88 Der Erdkreis soll hell werden
1/95 Licht aus Finsternis
3/96 Erntedank »Sonne«

Lieder zum Licht – Sonne
2/75 Für das Licht
3/80 Strahlt der Sonnenschein
2/84 Vieles ist wie Sonnenschein *(auch 3/94)*
1/86 Seht, es glänzt das Osterlicht
4/86 Wie ein Licht
4/86 Es leuchtet still
2/88 Wer hat Angst vor'm Dunkeln
4/88 Leuchte, leuchte, großer Stern
1/89 Welche Freude, welche Wonne
1/89 Welche Freude, welche Wonne
2/89 Mir ist ein Licht aufgegangen
3/89 Draußen ist es dunkel
4/89 Tragt in die Welt ...
4/92 Spiellied: »Was kann in diesen Tagen ...«
4/93 Ich hab mein Licht so gerne
1/95 Ein Licht geht uns auf
4/95 Es leuchtet still
4/95 Advent, die erste Kerze brennt
4/95 Wenn unsere Kerze brennt
1/96 Osterkerze, Osterlicht

Weitere Literaturhinweise

Hubertus Halbfas, Lehrerhandbuch Religion, Düsseldorf 9. Aufl. 1987.
Hermine König, Das große Jahrbuch für Kinder, Feste feiern und Bräuche neu entdecken, München 1994.
Wolfgang Longardt, Ermutigung zum Glauben, Freiburg 1988.
ders., Leben im Jahreskreis – Praxisbuch, Kindergarten, Freiburg 5. Aufl. 1993.
Helga Schlotterbek, Basteln und Gestalten mit Kindern, GTB – Kindergarten Nr. 66, Gütersloh.
Rudolf Seitz, Ästhetische Elementarbildung – ein Beitrag zur Kreativitätserziehung, Arbeitsheft 3, Donauwörth 6. Aufl. 1990.
Jean-Pierre Verdet, Die Sonne – Quelle unseres Lebens, aus der Reihe: Die Welt entdecken, Ravensburg 1987.

Bilder zur Sonne
Frans Masereel, Die Sonne (Bilderzyklus), Europa Verlag, Zürich.
Benedikt W. Trant, Kreuz und Sonne, aus: av-edition, München – Offenbach 1988.
William Turner, Sonnenuntergang, aus: av-edition, München – Offenbach 1988.
Vincent van Gogh, Die Ernte
ders. Die Sternennacht

Bilderbuch
Kees de Koort, Gott erschafft die Welt, aus: Was uns die Erde erzählt, Deutsche Bibelgesellschaft, Stuttgart 1970.

Geschichten
Gianni Rodari, Gutenachtgeschichten am Telefon, Thienemanns Verlag, Stuttgart – Wien 1984.
Christine Mühlberger, Wie die Sonne in das Land Malon kam, RPA-Verlag, Landshut 1981.

Bibeltexte zum Symbol Licht

Altes Testament
1. Mose 1,1.16
Und Gott machte zwei große Lichter
1. Mose 1,1-5
Von Licht und Finsternis
Jesaja 9,1
Das Volk, das im Dunkel lebt, sieht ein helles Licht
Psalm 36,10
Bei dir ist die Quelle des Lebens

Neues Testament
Matthäus 5,14-16
Ihr seid das Licht der Welt
Matthäus 17,1-10
Sein Gesicht strahlte wie die Sonne
Matthäus 25,1-13
Die törichten und klugen Jungfrauen
Lukas 2,9
Die Herrlichkeit Gottes umstrahlte sie (Hirten)
Lukas 2,29-32
Ein Licht zur Offenbarung für die Heiden
Johannes 1,1-9
Das wahre Licht, das jeden Menschen erleuchtet
Johannes 8,12
Ich bin das Licht der Welt

Bibeltexte zum Symbol Sonne

Altes Testament
1. Mose 1,14-19
Sonne als Teil der Schöpfung
Psalm 19,1-7
Die Schönheit der Sonne
Psalm 84,12
Gott der Herr ist Sonne und Schild

Neues Testament
Offenbarung des Johannes 21,23
Die Stadt bedarf keiner Sonne

Wasser

Katrins Eltern haben den Nachbarn zugesagt, in der Urlaubszeit das Gießen des Gartens und der Zimmerpflanzen zu übernehmen. Die Pflege der Topfpflanzen übernahm die Mutter, doch im Garten mussten auch Katrin und ihr Vater mithelfen. Es hatte schon lange nicht geregnet und vor allem die blühenden Pflanzen reagierten mit hängenden welken Blättern auf die Trockenheit. »Das Gießen macht zwar Spaß«, meint Katrin zu ihren Eltern, »aber ich kann es kaum erwarten, bis es endlich regnet«.

Auf diese Weise hat Katrin erfahren, wie notwendig die Pflanzen Wasser brauchen, wie notwendig Wasser zum Leben ist.

In Palästina, wo das Volk Israel lebt und wo Jesus wirkte, gibt es viel weniger Wasser als bei uns, wo es oft regnet. Da musste man tiefe Brunnen graben, um überhaupt Wasser zu bekommen. Nur wo man Wasser fand, konnte man leben. Darum ist Wasser ein besonderes Geschenk gerade für Menschen, die im Trockenen leben. So ist in den Psalmen zu lesen: »Gott, du bewässerst das Land und machst es sehr reich; Gottes Brünnlein hat Wasser die Fülle. Du lässest ihr Getreide gut geraten; denn so baust du das Land. Du tränkst seine Furchen und feuchtest seine Schollen; mit Regen machst du es weich und segnest sein Gewächs« (Psalm 65 V 10 u. 11). Wasser ist ein Segen Gottes.

Wo Wasser ist, stellt sich Leben ein. Darum ruft Jesus die Menschen zu sich und sagt Ihnen: »Wen da dürstet, der komme zu mir und trinke« (Joh 7,37). Er will damit sagen: Wer Leben sucht, der kann es bei mir finden. Darum kann man auch Gottes Gnade und Segen mit dem Regen vergleichen, der auf ein ausgedörrtes Land fällt und es wieder grün werden lässt. So sagt Gott im Alten Testament: »Ich will Wasser gießen auf das Durstige und Ströme auf das Dürre: ich will meinen Geist auf deine Kinder gießen und meinen Segen auf deine Nachkommen, dass sie wachsen sollen wie Gras zwischen Wassern, wie die Weiden an den Wasserbächen« (Jes 44 V 3 u. 4).

Es kann vorkommen, dass es viele Tage lang ununterbrochen regnet. Der Himmel ist grau und düster und schüttet den Regen auf das Land. Als es nach Tagen immer noch nicht aufhörte zu regnen, traten die Bäche über die Ufer und der Fluss stieg höher und höher. Es wurde von Stunde zu Stunde schlimmer. Schon standen die ersten Straßen unter Wasser und mussten gesperrt werden. Die Keller liefen voll und die unteren Stockwerke mussten bereits geräumt werden. Ein Mensch ist sogar ertrunken, weil er meinte, mit dem Auto durch das Wasser fahren zu können. Große Wassermassen können Schaden und Unglück bringen, weil man der Fluten nicht Herr werden kann.

In alten Zeiten hat es eine Flut gegeben, die so groß gewesen sein muss, dass die Menschen von Generation zu Generation immer wieder davon erzählt haben. Die Bibel nennt sie die Sintflut und spricht davon, dass es nicht aufhörte zu regnen, bis alles Leben in den Fluten umkam. Nur wenige wurden gerettet, das waren Noah und seine Familie, die auf Gottes Befehl ein Schiff gebaut hatten, das man Arche nannte. In dieser Arche wurden auch die Tiere gerettet. Zwei von jeder Tierart haben auf diesem Schiff die große Flut überstanden (1. Mose 6). Wasser hat nicht nur Leben spendende Qualitäten, es kann auch den Tod bringen, wenn es nicht einen gibt, der uns rettet.

Vieles, was man vom Wasser sagen kann, gilt auch für die Taufe. Zuallererst verbindet sie uns mit dem Leben Jesu Christi. Aber Wasser kann auch Tod bedeuten, und so erinnert uns die Taufe daran, dass Jesus gekreuzigt worden ist. In alten Kirchen sieht man öfter einen sehr großen Taufstein. Der wurde ganz mit Wasser gefüllt und das Kind wurde dreimal hineingetaucht. In Russland wird auch heute noch so getauft. Das bedeutet, dass wir in der Taufe wie in einer großen Flut ertränkt werden, aber mit Christus wieder auferstehen und durch ihn gerettet werden, wie Noah im Alten Testament. Taufe heißt: Mit Christus sterben und auferstehen. In unserem Land haben wir eine andere Überlieferung. Wir taufen nicht wie unsere Vorväter durch Untertauchen. In unserer Taufe soll deutlich werden, dass alles von uns abgewaschen wird, was uns von Gott trennt; dass das Leben durch Jesus Christus zu uns kommt wie ein Regen auf ein vertrocknetes Land.

Vom Erleben zum Verstehen des Symbols

Erläuterung

Alles Leben kommt aus dem Wasser. Es ist eine urmenschliche Erfahrung, dass es ohne Wasser kein Leben gibt. Für jedes Lebewesen, ob Mensch, Tier oder Pflanze ist Wasser die Lebenssubstanz, die es täglich braucht.
Jeder erfährt das Wasser in vielfältiger Weise, wie es erfrischt und belebt, heilt, reinigt und erneuert, trägt und fruchtbar macht aber auch zerstört, wonach ein Neuanfang wieder möglich sein kann (wie nach der Sintflut). Wasser fasst alle diese Möglichkeiten in sich und wird ein Symbol des Lebens, das für Kinder in seiner Deutung ein breites Spektrum bietet.

Des Menschen Seele gleicht dem Wasser:
vom Himmel kommt es,
zum Himmel steigt es,
und wieder nieder zur Erde muss es,
ewig wechselnd...

aus Goethes »Gesang der Geister über den Wassern«

Teil 1

Wahrnehmung sensibilisieren

»Ich fühle mich wie neugeboren« sagen wir oft entspannt nach einem Bad.
Schon als Säuglinge drücken Kinder beim Baden im warmen Wasser ihr Wohlbehagen aus. Auch in späteren Jahren haben Kinder Freude am Wasser und können phantasievoll, oft in völliger Versunkenheit, damit spielen und experimentieren.
Wir unterstützen sie darin und schaffen Situationen, in denen sie das Element Wasser mit allen Sinnen erfahren können. Dabei lernen sie die vielfältigen Eigenschaften des Wassers kennen und seine unterschiedlichen Formen als Nebel, Regen, Hagel, Schnee und Eis.
Jedes Kind, gleich welchen Alters, hat vielfältige Erfahrungen mit Wasser und sieht, wie andere Menschen mit Wasser umgehen.
Täglich erlebt es, wie wichtig Wasser zum Trinken, Kochen, Zähneputzen, Waschen und Reinigen ist und dass es sich durch nichts anderes ersetzen lässt. Es beobachtet bei der Blumenpflege und seinem Haustier, wie Pflanzen und Tiere bei Wassermangel leiden. Erfahrungen dazu sammeln Kinder auch bei lang anhaltender Hitzeperiode, wo alle Lebewesen und Pflanzen gleich betroffen sind.
Wir dürfen es nicht als selbstverständlich erachten, dass unser Trinkwasser in beliebiger Menge aus der Leitung läuft. Wasser ist eine Kostbarkeit. Der bewusste und sorgsame Umgang damit muss allen ein Anliegen sein.

Wassererfahrungen in der Natur

Wasser entdecken mit allen Sinnen

»Bei solchem Wetter jagt man keinen Hund raus!« hört man viele sagen und sie ahnen gar nicht, was es bei Regenwetter in der Natur zu entdecken gibt.

■ An einem Regentag gehen wir mit Regenkleidung auf den Kinderspielplatz und erleben das Wasser mit *den Händen:*

wir erleben Wasser

- Wir fühlen den Regen auf der Handinnenfläche und dem Handrücken;
- wir spielen im Baggermatsch;
- wir halten die Hand unter den Wasserstrahl der Gießkanne;
- wir bauen Staudämme und baden die Hände im Wasser;
- wir öffnen das »Schleusentor« und halten die Hand ins fließende Wasser;
- wir stellen Trinkgläser in den Regen und sehen in Abständen nach, wie schnell sie sich füllen.

mit den Händen

Wir erfahren das Wasser mit *den Füßen:*

mit den Füßen

- indem wir vorsichtig durch die Pfützen waten;
- auf einer nassen Wiese glitschen;
- heftig auf den nassen Gehwegplatten stapfen.

Wir beobachten die Wasserbewegung mit *den Augen:*

mit den Augen

- die vorbeiziehenden Regenwolken;
- das ruhende Wasser, worin wir uns spiegeln können;
- Gegenstände, ob sie schwimmen oder untergehen;
- die Wellen, wenn wir durch Pfützen waten;
- den Wassertropfen, wie er am Blatt hängen bleibt, wie Tröpfchen sich zu einem großen Tropfen sammeln und abperlen, wie er von lockerem Sand aufgesaugt wird, wie er auf dem Stein zerplatzt.

Wir *hören* das Wasser, wenn es

und den Ohren

- auf die Mütze, Kapuze oder den Regenschirm tropft;
- im Regenrohr herabrauscht;
- in einen Blecheimer tropft;
- im Gully rauscht und gurgelt;
- unterschiedlich laut auf harten oder weichen Untergrund tropft.

Wir *schmecken* und *riechen* das Wasser

mit Mund und Nase

- als Leitungswasser, geruchs- und geschmacksneutral;
- wir fangen mit dem Mund Regentropfen auf;
- in der Natur riechen wir, ob es frisch, erdig, muffig, torfig oder faulig riecht.

Wichtige Erfahrungen der Kinder:

- Spielerisch entdeckt das Kind den Lebensbaustein Wasser.
- Es lernt die vielfältigen Eigenschaften des Wassers kennen.
- Der Einsatz aller Sinne liefert verschiedene Aspekte über Wasser.
- Es lernt einen Teil des Wasserkreislaufes kennen.

Als nach einer langen Regenperiode der Boden des Spielplatzes kein Wasser mehr aufnehmen konnte, entstand ein großer See.

Wandern am Wasser

■ Bei sonnigem Wetter machen wir uns auf den Weg, ausgerüstet mit Fotoapparat, Kassettenrekorder mit Mikrophon und gefalteten Papierschiffchen.

was beobachten wir am Schleusenbecken?

Wer hört zuerst das Plätschern des Wassers? Der Weg führt uns zunächst an die Schleuse, wo der Fluss in einem Staubecken mit glatter Wasseroberfläche vor uns liegt. Die Wasserfarbe ist grünbraun und wir raten, welche Tiere wohl im Wasser leben. Einige Enten ziehen ruhig ihre Kreise und ein Paddelboot hinterlässt auf dem Wasser eine lange Spur. Ein Kind kommt auf die Idee, flache Steine zu suchen und sie über's Wasser hüpfen zu lassen. Das fordert schließlich einen Wettbewerb heraus. Die Wasseroberfläche ist übersät von hüpfenden Steinspuren und Wasserringen. Die Kinder

machen immer neue Entdeckungen und tauschen sich aus. Die Wassergeräusche nehmen wir auf und die Kinder suchen motiviert dadurch neue Geräuschquellen.
Dann wandern wir am Lauf des Flüsschens entlang mit seinen vielen Windungen, dem trägen Wasser an breiter Stelle und dem gurgelnden und rauschenden Wasser an schmaler Stelle. Die Uferböschung mit ihrer Reisigbefestigung macht die Kinder neugierig. Hier mündet ein kleiner Zulauf in die Alster, der zum Spielen und Darüberhüpfen einlädt. Die Papierschiffchen werden zu Wasser gelassen, schaukeln träge der kleinen Mündung entgegen und werden plötzlich von der Strömung des Flüsschens mitgerissen. Wir machen Fotos und nehmen mit dem Rekorder neu entdeckte Wassergeräusche auf.

was erleben wir am Flüsschen?

Kinder von diesen Wassererlebnissen zum Heimweg zu bewegen, gelang nur schwer. Im Kindergarten hörten wir uns oft die Kassette mit den aufgenommenen Wassergeräuschen an und entwickelten daraus Rate- und Imaginationsspiele.

Wichtige Erfahrungen der Kinder:

- Sie lernen den naturbelassenen Wasserlauf kennen.
- Sie erleben ein Stück Natur pur mitten in der Großstadt als eine Energiequelle.
- Sie sehen Möglichkeiten, wie der Mensch das Wasser nutzt.
- Sie entdecken das Wasser als Lebensraum für Tiere und Pflanzen.
- Sie werden sensibel dafür, es zu schätzen und nicht zu zerstören.

Wassererfahrungen im Raum

Regenmacher

■ Wir probieren aus, wie aus Wasserdampf »Regen« entsteht.

So wird's gemacht:

wir »machen« Regen

Wasser wird in einem Topf zum Kochen gebracht. Über die Dampfwolke halten wir einen kleinen Topfdeckel. Der Wasserdampf kühlt am Deckel ab (Wolke), es bilden sich Tropfen, die herunterfallen (Regentropfen).
Wir folgern daraus: In der Natur besteht ein großer Wasserkreislauf: Meer – (Verdampfen) – Wolken – Regen – Quelle – Meer.

Worin ist Wasser enthalten?

■ Wir testen Gegenstände, ob sie Wasser enthalten.

wir suchen nach Wasser

Material:
5 Trinkgläser, 5 Untertassen, frische Gartenerde, Sand, 2 halbe Tomaten, Stoffreste, Stein.

So wird's gemacht:
In jedes der fünf Gläser legen wir einen anderen Gegenstand. Alle 5 Gläser werden mit einer Untertasse abgedeckt und auf die sonnige Fensterbank gestellt. Am nächsten Tag sehen wir nach, an welcher Untertasse sich Tropfen niedergeschlagen haben. Wir vergleichen die Menge.
In welchen Gläsern finden wir keine Wassertropfen? Das Ergebnis gibt Anreiz zu Überlegungen, wie Wasser aus diesen und ähnlichen Dingen Leben erhält (z.B. Erde – Pflanzenanbau, Früchte – Nahrung, Saftgewinnung).

Wasserorgel

so klingt das Wasserglas

■ Eine Reihe von gleichen Gläsern steht auf dem Tisch und wird unterschiedlich hoch mit Wasser gefüllt. Mit einem Holzlöffel oder Metallstab wird jedes Glas angeschlagen und erzeugt je nach Wassermenge einen anderen Ton.

vertraute Geräusche

■ Diese »Orgeltöne« und unsere aufgenommenen Geräusche bei der Wanderung am Wasser können wir ergänzen durch Wassergeräusche im Haushalt. Wir nehmen mit dem Mikrophon auf:
tropfenden und laufenden Wasserhahn – pfeifenden

Teekessel – Badewannengeplätscher – Wanneneinlauf – Saft eingießen – Abwaschen ...
Wer erkennt die Geräusche?

Pflanzen haben Wasserleitungen

■ Wir machen die Kapillaren (Röhrchen) sichtbar, die das Wasser in der Pflanze transportieren.

Material:
Ein Wasserglas – eine Selleriestange – Messer – Lebensmittelfarbe.

So wird's gemacht:

auch Pflanzen haben »Wasserleitungen«

Wir färben das Wasser im Glas. Dann schneiden wir die Selleriestangen schräg an und stellen sie ins Wasser. Nach einigen Stunden hat der Sellerie die Farbe angenommen. Schneiden wir die Stange noch einmal durch, so sind die Kapillaren deutlich zu erkennen.

Tintenspiel im Wasserglas

Material:
1 Einmachglas mit Wasser, Tinte, Strohhalm.

So wird's gemacht:

im Wasser verändern sich Dinge

Mit Hilfe des Strohhalms lassen wir einen dicken Tropfen Tinte ins Wasser fallen. Es ist faszinierend zu beobachten, welchen Weg sich die Tinte durchs Wasser sucht, sich verästelt, teilt, sich langsam oder schnell vorwärts bewegt. Nach längerer Zeit vermischt sie sich mit dem Wasser.

■ ***Einsatzmöglichkeit für den Elternabend mit der Thematik »Ihre Kinder sind uns anvertraut«.***

Dieses oben beschriebene Experiment könnte den Einstieg in den Elternabend erleichtern oder ein guter Beitrag für den Diskussionsteil sein.
Der zugrunde liegende Gedanke ist, dass das Kind in eine Gemeinschaft kommt, sich wohl fühlen soll, entwickeln kann, dazu Freiraum braucht und auch mal nach neuen Wegen sucht. Im Laufe der Zeit gliedert es sich ein. Wie verhalten wir uns als Eltern oder Erzieher dabei?
Möglicher Ablauf: 6 – 8 Eltern sitzen um den Tisch und ein »Freiwilliger« tropft Tinte in das Einmachglas mit Wasser. Dann wird die Frage gestellt: »Was möchten Sie sein, das Wasser oder die Tinte?« Eine Mutter gab mal zur Antwort: »Ich wäre am liebsten das Glas.«

Teil 2

Erfahrungen von der Wirklichkeitsebene auf die Symbolebene übertragen

Gespräche

Gespräche in der Gruppe über Wassererfahrungen

miteinander sprechen

Wasser hat eine »Seele«. In den Gesprächen mit den Kindern kommt deutlich zum Ausdruck, dass sie Wasser als Freude und Spaß empfinden, dass sie von seinen Eigenschaften und seiner Wirkung fasziniert sind. Erwachsene dagegen zeigen eher ein Nutzdenken und ordnen das Wasser nach seinen Funktionen ein.

was ich erlebt habe

Beim gemeinsamen Gespräch hören wir jedem Kind aufmerksam zu und bemerken, welchen Eindruck die eigenen Wassererlebnisse, aber auch die in der Gemeinschaft, beim Kind hinterlassen haben.
In vielen Bibelstellen wird die Wirkung des Wassers beschrieben, wie in der Schöpfungsgeschichte (1. Mose 1,2), wo Wasser Ursprung allen Lebens ist; in der Sintflut - Erzählung (4. Mose 6), wo Wasser

nicht vollständig vernichtet, sondern einen Neuanfang ermöglicht; oder in der Begegnung Jesu mit der Samariterin (Joh 4,5-15), wo Jesus Wasser des irdischen und ewigen Lebens verspricht. Täglich spüren wir den engen Zusammenhang: *Wasser schenkt Leben – Jesus schenkt Leben.*

unsere Erfahrungen finden wir wieder

Ideenbörse Wasser

Das Wasserthema ist so unerschöpflich, dass man darin ertrinken könnte. Wir schwimmen lieber mit einem Ziel vor Augen und können es in mehreren Etappen erreichen.

■ **Ideenbörse**
zu verschiedenen Wasserthemen
am besten in zeitlichen Abständen.
Aus jedem dieser Themenvorschläge ließe sich ein eigenes Wasserprojekt entwickeln. Mit passenden Bibelstellen verdeutlichen und vertiefen wir das Wasserspiel.

wir sammeln

Themen könnten sein:

- Welche Erscheinungsformen hat das Wasser?
- Kreislauf des Wassers.
    - Wozu brauchen wir Wasser?
    - Wie schaffen wir Wasservorräte, wie macht es die Natur?
    - Was schwimmt, was geht unter?
- Wir nutzen die Kraft des Wassers und fürchten sie.
- Verantwortliche Wasserversorgung und Entsorgung
- Welche Wassermärchen kennen wir?

rund um das Wasser

Beispiel: Kreislauf des Wassers
Jeder Einfall der Kinder wird auf ein tropfenförmiges Blatt Papier geschrieben. Mit den Kindern überlegen wir die Reihenfolge des Wasser-Kreislaufes und verdeutlichen ihn in einer Collage. Bei der Häufung von gleichen Begriffen setzen wir einfach die Anzahl der Tropfen aneinander.

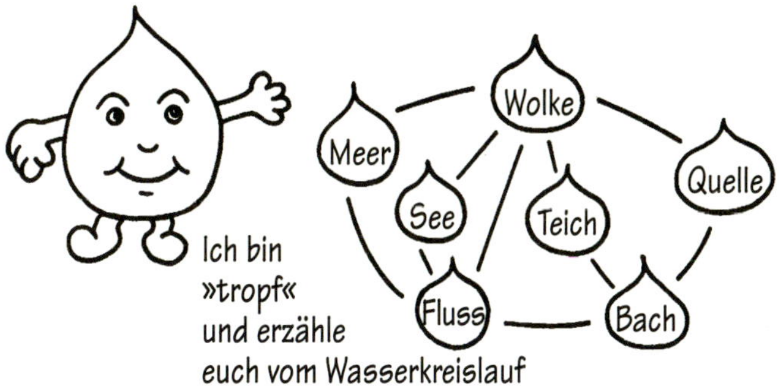

Zu den Begriffen können wir passende Bilder aus Zeitschriften kleben oder selbst malen.

Wasserausstellung

■ Jedes Wasserthema könnte in dieser Form dargestellt werden.
Denkbar wäre auch, ihm jeweils eine andere Tropfenfarbe zu geben. Dieser farbige Tropfen kann wie ein Moderator durch's Wasserthema führen. Eine Collagenreihe im Gruppenraum oder Flur fördert bei Kindern und Eltern einen sensibleren Umgang mit Wasser.

Wasser ist vielfältig

Geschichten – Bräuche

In Geschichten finden wir ein breites Spektrum der Wassersymbolik. Das gilt sowohl für biblische Wasser-Geschichten, als auch für Märchen, Sagen und Wasser-Geschichten aus unserer Lebenswelt. Sie machen in den verschiedenen Kulturen das Wissen um die Heiligkeit des Wassers erfahrbar.

Das Märchen vom Kolibri

Es war einmal ein großer Fluss, an dessen Ufern sich ein riesiger Wald ausdehnte. In diesem Wald lebten Elefanten, Löwen, Vögel, Affen und noch viele Tierarten mehr.
Doch eines Tages brach im Wald ein Feuer aus. Die Tiere hatten Angst, dass ihre Wohnungen

jeder Beitrag zählt

und Nistplätze zerstört werden könnten, und waren verzweifelt.
Nur ein kleiner Kolibri ließ den Kopf nicht hängen, sondern flog zum Fluss, holte einen Schnabel voll Wasser und ließ diesen kleinen Wassertropfen über dem brennenden Wald fallen. Die großen Tiere lachten ihn aus: Was wollte dieser kleine Kerl schon ausrichten?
Der Kolibri antwortete nur: Ich leiste meinen Teil. Nun seid ihr dran!
Adriano Martins

Die Geschichte von den beiden Eisblöcken

Es waren einmal zwei Eisblöcke. Das Verhältnis zwischen ihnen war sehr kühl, was nicht verwunderlich ist. Der eine dachte: Warum kommt der andere nicht näher zu mir? Aber der andere Eisblock konnte nicht gehen und kommen. Da dachte der eine: Wenn der andere auftaut, dann taue ich auch auf. – Aber weil der andere Eisblock nicht von selbst auftaute, taute keiner von beiden auf. So geschah es , dass keiner auf den anderen zukam und jeder noch mehr in sich selbst vereiste. Nach Monaten – oder war es nach Jahren? – entdeckte der eine Eisblock eines Mittags, als die Sonne strahlte, dass er schmelzen konnte, und er sah, dass er sich zu Wasser verflüssigte und dass er doch noch er selbst war. Auch der andere machte diese wunderbare Entdeckung. Über die ganz alltäglichen Wassergräben flossen sie aufeinander zu. Sie begegneten sich. Zwar spürten sie ihre Kälte noch, aber auch ihre Schwachheit und ihren guten Willen, ihre eigene Not und die der anderen. Sie fanden, dass sie einander nötig hatten und zusammenbleiben müssten. Da kam ein Kind und dann noch eins und noch andere Kinder. Und die ließen kleine Schiffe auf dem großen, starken Wasser fahren. Die Eisblöcke sahen, dass die Kinder glücklich waren. Und diese Freude spiegelte sich wie eine Sonne im Wasser.

Erzählung von einer Fata-Morgana

Ein Mann irrte viele Tage durch die Wüste. Seine Vorräte waren aufgezehrt und ihn quälte furchtbarer Durst. Da sah er in der Ferne eine Oase und schleppte sich mit aller Kraft weiter. Bald konnte er Palmen, Gras, Tiere und einen Brunnen erkennen. »Eine Fata Morgana«, dachte er, »es sind Scheinbilder, die meinen Verstand täuschen. Höre ich, wie Tiere Wasser schlürfen? Nein, in der Wüste gibt es kein Wasser, ich bilde mir alles ein«, dachte er völlig erschöpft und brach zusammen. Einige Stunden später fanden ihn Tuaregs. »Der ist tot«, sagte der eine, »er ist wohl verhungert und verdurstet. Die paar Schritte bis zum Brunnen hätte er doch schaffen müssen.« »Er hat nicht daran geglaubt«, sagte der andere, »er ist wohl ein moderner Mensch.«
frei erzählt nach einer Predigt
P. Cornelius

Brauchtum

■ In katholischen Kirchen ist es Brauch, am Karfreitag das Weihwasser aus den Schalen zu leeren. Mit dem »neuen« gesegneten Wasser der Osternacht werden sie am Ostersonntag neu gefüllt. Wasser steht als österliches Symbol für Leben und Erneuerung.
■ Noch heute wird der christliche Brauch gepflegt, das neu erbaute Haus mit geweihtem Wasser zu besprengen und den Segen Gottes zu erbitten. Das Wasser soll Böses fortwaschen und christliches Leben ermöglichen.
■ Am Dreikönigstag besprengen in manchen ländlichen Gegenden die Bauern ihre Ställe und das Vieh mit geweihtem Wasser, das vor Krankheit und Seuchen schützen soll.

Bilder – Dias

Material wie Dias, Bilder, Poster könnten entliehen werden von:

- den Familien unserer Kinder
- öffentlichen Büchereien
- kirchlichen oder öffentlichen Medienstellen
- dem Wasserwerk

Dias vom Wasser

Die Transparenz und Lebendigkeit des Wassers kommt durch Dias besonders stark zum Ausdruck.

Wasser ist transparent und lebendig

■ Es lassen sich *eigene Geschichten* entwickeln, wenn wir z.B. den Verlauf des Wassers von der Quelle bis zum Fluss aneinander reihen, oder wenn wir einen Brunnen zeigen und fragen, wo der wohl stand und wer aus ihm Wasser schöpfte.
■ Auch *Ratespiele* können daraus entstehen.

Wassersymbol in den Weltreligionen

Das Zusammenleben mit Kindern anderer Nationalitäten führt auch zur Begegnung mit fremden Religionen. In jeder spielt Wasser eine zentrale und wichtige Rolle.

Wasser ist verbindendes Element

■ *Wir betrachten Bilder* aus der religiösen Lebenswelt anderer Kulturkreise und sehen das Wasser als verbindendes Urelement.
Hier kann nur eine knappe Aussage zum Wassersymbol gemacht werden, die Anregung zum Weiterarbeiten gibt.

Christentum

in der Taufe

Bei der Taufe wird geweihtes Wasser über den Kopf des Kindes gegossen. Das Wasser hat reinigende Kraft und wäscht den Täufling frei von Schuld und Sünde. Mit der Taufe wird das Kind in die Gemeinschaft der Christen aufgenommen.

Judentum

am Sabbat

Vor der Feier des Sabbats (jüdischer Feiertag) nehmen Juden ein Bad, um auszudrücken, dass sie diesen Tag ganz rein begehen wollen. Auch die Sabbatmahlzeit beginnt mit einem rituellen Händewaschen.

Islam

beim Freitagsgebet

Fünfmal am Tag beten die Muslime zu ihrem Gott (ihr Gott ist Allah) und beginnen das Gebet mit der Reinigung, um rein vor Allah treten zu können. Vor dem Freitagsgebet in der Moschee sind Waschungen in einer festgesetzten Reihenfolge vorgeschrieben. Auch vor jeder Mahlzeit waschen Muslime sich die Hände und spülen den Mund.

Hinduismus

beim Bad im Ganges

Hindus verehren besonders ihre Flüsse, weil fließendes Wasser alle Schuld und Unreines abwäscht. Um gereinigt zu werden, baden unzählige Menschen in dem heiligen Fluss Ganges. Sie wünschen sich, dass ihre Asche nach dem Tod über den Fluss verstreut wird.

Buddhismus

beim Neujahrsfest

Vor dem Neujahrsfest, Songkran genannt, wird alles gründlich gereinigt. Zum Zeichen der Verehrung werden die Buddha-Statuen, Eltern und Familienmitglieder mit geweihtem Wasser besprengt. Dann wird bei einer dreitägigen Wasserschlacht jeder mit Wasser übergossen, denn Wasser bedeutet Glück und Segen.

■ In Was+wie sind ausführliche Beiträge zum Umgang mit anderen Religionen zu finden (siehe S. 32).

Lieder – Tanz – Musik

Musik lebt und fließt wie Wasser. Komponisten aller Zeiten ließen sich inspirieren und komponierten Wassermusik. Sie regt zu Phantasiebildern an und motiviert die Kinder, selbst Wassergeräusche mit Musik zu verbinden, nach Wassermusik zu tanzen oder ihre beruhigende Wirkung zur Meditation zu nutzen.
Lieder erzählen meist von der Wirkung des Wassers und können durch ihr Tempo die Wasserbewegung ausdrücken.

Wir machen Wassergeräusche:

Wasserorgel aus Gläsern (siehe Teil 1).

Blubbergeräusche

■ In ein halb volles Wasserglas blasen wir mit dem Strohhalm vorsichtig hinein.
Daraus kann sich ein »Konzert« entwickeln: Es wird abgesprochen, wer kurz, lang, laut, leise blubbert, und der »Dirigent« gibt den Einsatz – oder – alle blubbern im Takt eines Liedes (auch als Ratespiel).

Imitieren von Wassergeräuschen

Wasser macht Geräusche

- unterschiedlich starkes und schnelles Klopfen mit den Fingern auf den Tisch
- Spielen mit den Fingern auf Xylophonplatten oder der Handtrommel als »Dauerregen«
- Schnalzen mit der Zunge (Wasserhahn tropft)
- Erbsen auf einem Tablett langsam von einer Seite zur anderen rollen lassen (Wellenrauschen)
- Experimentieren mit Orff-Instrumenten

Wir hören Wassermusik

Wassermusik begleitet uns

- »Wassermusik – Suite« von G. Friedrich Händel.
- »Die Moldau« von Friedrich Smetana.
- »Bächlein« von Edvard Grieg (aus op.62).
- »Wasserspiele der Villa d'Este« von Franz Liszt.
- »Aquarium« von C.Saint-Saëns.
- »Oxygene« von J.M. Jarre.

Die Aufzählungen ließen sich fortsetzen.
Wassermusik eignet sich für Meditation – zur Diabe-

trachtung – Untermalung von Bewegungsspielen (z.B. von der Quelle zum Meer) – entwickeln eigener Tanzimprovisationen.

Ohne Wasser können wir nicht leben

2. Brunnen fließen und die Quellen springen,
   Bäume wachsen, Felder Früchte bringen:
   (Refr. Ja, Gott schenkt uns Wasser ...)
3. Auf den Feldern wirken Tau und Regen
   und die Sonne unsern Erntesegen:
   (Refr. Ja, Gott schenkt uns Wasser ...)
4. Flüsse, Seen gilt es auch zu pflegen,
   reines, gutes Wasser ist ein Segen:
   (Refr. Ja, Gott schenkt uns Wasser ...)

Text und Musik: Wolfgang Longardt
aus der Notenausgabe »Vieles ist nicht selbstverständlich« Nr. 40

Wasserquell, Wasserquell

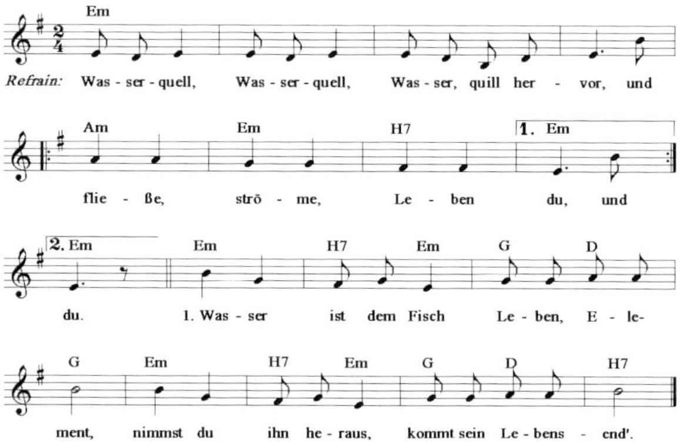

2. Alles, was da grünt, blüht und Frucht uns bringt, wächst, entfaltet sich, Wasser es durchdringt.
3. Wasser stillt den Durst, macht uns frisch den Leib und erfüllt uns neu mit Lebendigkeit.
4. In der Taufe wird Leben uns zuteil, Gottes Liebe und seine Kraft, sein Heil.
5. Aus dem Wasser und aus dem Heil'gen Geist sind wir neu geborn, Gott sei Lob und preis.

Text und Musik: Franz Kett
aus: Religionspädagogische Praxis, Handreichung für elementare Religionspädagogik, Jhg. 1986, Nr. II, S. 27, »Wie wunderbar sind deine Werke, Herr!«, RPA Verlag, 84030 Landshut

Tanzbeschreibung (nur Refrain)

Die Kinder stehen im Kreis und halten in jeder Hand ein Kreppband (oder Tuch) in Farbtönen des Wassers.
Takt 1 + 2 sie gehen vier Schritte zur Mitte
Takt 3 + 4 heben die Hände hoch
Takt 5 – 8 gehen acht kleine Schritte zurück
Takt 5 – 8 Wiederholung: drehen sich auf dem Platz.
Strophen spielerisch nachempfinden.

Ein Brunnen in der Wüste

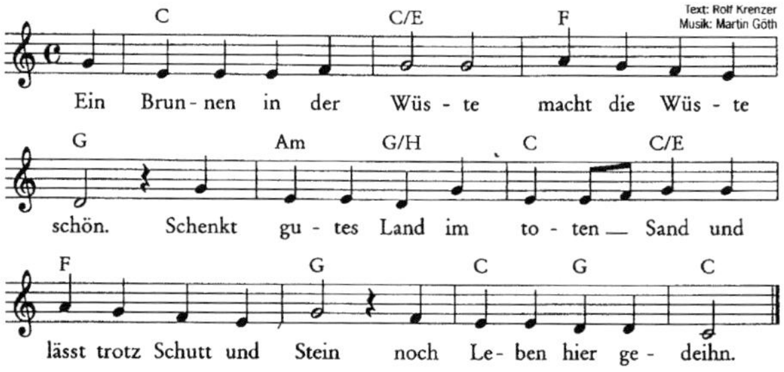

Ein Brunnen in der Wüste
macht die Wüste schön.
Sein Wasser hier
stärkt Mensch und Tier,
schenkt jedem, der erschlafft,
gleich wieder frische Kraft.

Ein Brunnen in der Wüste
macht die Wüste schön.
Es muss stets rein
sein Wasser sein,
dass morgen jeder dann
noch davon trinken kann.

Ein Brunnen in der Wüste
macht die Wüste schön.
Wer müd und matt
dann Wasser hat,
darf Gott, dem Herrn, allein
von Herzen dankbar sein.

aus: »Mose« – Ein Musical zum Exodus

Malen - Basteln - Gestalten

Beim Anrühren von Farben erlebt das Kind, dass Wasser sie verändern kann.
Sie lassen sich verdünnen, vermischen, verwässern und zerfließen schneller. Die Mal-Ergebnisse sind nicht endgültig und so kann das Kind Zufälle aufgreifen, experimentieren und den Verlauf kreativ mitgestalten. Auch beim Basteln und Gestalten nutzen wir die Wirkung des Wassers.

Türkisches Papier

Material:
Flache Plastikwanne mit Wasser – Papier – verdünnte Ölfarbe (mit Terpentin) – Holzstäbchen.

So wird's gemacht
■ Die Kinder träufeln die Ölfarben auf die Wasseroberfläche.
Mit Holzstäbchen kann man Schlieren ziehen und legt dann das Papier auf die Farben.
Es kann sofort wieder abgenommen werden und zeigt interessante Farbmuster. Jeder Versuch lässt ein Unikat entstehen.
Ölrückstände beseitigen wir mit Küchenkrepp.

Gemeinschaftsbild: Leben im Wasser

Material:
Großer Papierbogen – Farbe – Wasser – Pinsel – Kleber – Sand – Muscheln.

So wird's gemacht:
■ Das Papier wird als »Meer« in unterschiedlichen Farbtönen des Wassers bemalt (trocknen lassen).

das Meer als Lebensraum

Dann kann der »Meeresboden« aus Sand und Muscheln aufgeklebt werden. Nun malen möglichst viele Kinder Pflanzen und Tierarten, die im Wasser leben, hinein. Das Gemeinschaftsbild regt an zu Überlegungen, wie wichtig das ökologische Gleichgewicht für alle Lebewesen ist. Welchen Beitrag sollten wir dazu leisten?

Schattenspiel

»Philippus tauft Kaleb, den Afrikaner« (Apg 8, 26-40)

in Gott einen Freund finden

Die Geschichte wird erzählt oder vorgelesen.
■ Mit einfachen Pappfiguren lässt sich eindrucksvoll nachspielen, wie der Afrikaner getauft wurde und fröhlich nach Hause zurück fuhr. Er hatte Gott als Freund gefunden.
(Bastelanleitung wie beim Figurenspiel, Kapitel »Weg«)
Ausführliche Beschreibung dazu vom Hamburger Kinderkirchentag in Was+wie Heft 2/90 und vom Bremer Kinderkirchentag in Was+wie Heft 2/94.

Spiele

Viele Wassererfahrungen der Kinder werden beim Spiel wieder aufgenommen und durch Handlungsmöglichkeiten vertieft. Dabei werden dem Kind verschiedenste Informationen vermittelt, komplizierte Vorgänge transparent gemacht, alle Sinne angesprochen und – Wasserspiele machen allen Spaß!

Was am Wasser lebt

Kinder ahmen gerne nach und vertiefen dabei ihre Beobachtungen.
Gruppengröße von mindestens 16 Kindern.

am Wasser leben

■ In die Raummitte legen wir ein blaues Tuch als Teich. Jedes Kind sucht sich ein Tier aus, das am Wasser lebt, und ahmt es nach: nagender Biber, quakender Frosch, summende Biene, zirpende Grille, schnatternde Ente, zwitschernde Bachstelze. Die Kinder bewegen sich um den Teich. Nach einem Trommelzeichen suchen sich gleiche Tiere und bilden eine Gruppe. Am Ende gib's ein Tierstimmenkonzert.

Wasserparcour: Jeder Tropfen zählt

jeder Tropfen zählt

■ In Afrika schöpft Leila kostbares Wasser aus dem Brunnen und trägt es den weiten Weg zur Hütte ihrer Familie. Der Weg ist beschwerlich und sie achtet darauf, nichts zu verschütten.
Wir helfen ihr dabei:

Material:
Wanne mit Wasser als Brunnen – Dickmilchbecher nach Anzahl der Kinder – 1 leerer Eimer (10 l) – Stoppuhr.

Hindernisse

vorhandene Turngeräte und improvisieren, Kinder dabei einbeziehen.

So wird's gemacht:
Die Kinder stehen in einer Reihe hintereinander. Ein Kind nach dem anderen schöpft Wasser aus dem Brunnen, muss alle Hindernisse überwinden, sollte dabei möglichst kein Wasser verschütten und füllt am Ziel das kostbare Nass in einen Eimer. Wenn der gefüllt ist, wird die Zeit gestoppt.
Frage: Wie lange haben wir gebraucht?
Wie viele Becher wurden hinein gefüllt?

Nun hat Leila Wasser für ihre Familie und kann auch die welken Maispflanzen an der Hütte gießen ...
Mit dem Wasser aus dem Eimer begießen die Kinder die Pflanzen im Kindergarten.

■ Ein passender Abschluss im Stuhlkreis wäre das *Lied »Ein Brunnen in der Wüste«.*

Stilleübung: Am Brunnen

wer an mich glaubt, wird keinen Durst mehr haben

Die Samariterin am Jakobsbrunnen (Joh 4,5-15)
■ Die Kinder versammeln sich im Stuhlkreis. Mit den Augen suchen die Kinder die Kreismitte und ein Kind darf in diese Mitte treten. Es breitet ein blaues Tuch auf dem Boden aus und formt es rund – eine Wasserstelle entsteht.
Nacheinander setzt sich ein Kind an den Rand. So fassen wir die kostbare Quelle ein wie ein fest gemauerter Brunnenrand. Wir können auf verschiedene Weise den Brunnen spielen (an den Händen fassen, dicht nebeneinander knien ...) und einigen uns auf eine Form.
»Nun schließen wir die Augen.
Um uns herum ist weites trockenes Land am Rande einer Stadt. Nur unser Brunnen hat Wasser. Er bedeutet Leben für die Menschen, die Tiere und die Pflanzen. Wir schauen in den Brunnen. Er ist tief und dunkel. Nur wenig Licht fällt auf das Wasser. Glatt und ruhig sieht es aus. Kühle Luft kommt uns entgegen – sie fühlt sich angenehm an. Sicher schmeckt das Wasser klar und frisch. Wir wollen es versuchen, doch da hören wir Schritte:«

Nun folgt die Geschichte von Jesus und der Samariterin.

Die Frau bittet ihn um das Wasser des ewigen Lebens. Jesus kennt auch unseren Durst nach Leben, nach Freude, nach Liebe. So schenkt er uns aus Liebe sein Leben. Seine Liebe wird zur Quelle des ewigen Lebens für uns.
Langsam öffnen wir die Augen, lösen unseren Brunnenrand auf, strecken, recken uns und fühlen uns wohl.
Als ein Zeichen für *Wasser ist Leben – Jesus ist Leben* – stellen wir eine brennende Kerze in unseren Brunnen und singen dazu:
»Ein Brunnen in der Wüste« (siehe S. 28).

Gemeinde einbeziehen

wastwie hat schon wiederholt über Tauffeste berichtet, die vom Kindergarten vorbereitet und mitgestaltet wurden (siehe S. 32).
Junge Eltern, die für Jahre den Kontakt zur Kirche verloren hatten, gewinnen durch überzeugende religionspädagogische Arbeit im Kindergarten, durch Elterngesprächskreise und Familiengottesdienste wieder Interesse an der Kirche.
Bei der Entscheidung zur Taufe ihres Kindes sind sie oft erleichtert, wenn sie erfahren, dass sich der Kindergarten und die Gemeinde aktiv an der Tauffeier beteiligen. Die dabei gemachten Erfahrungen sind für alle ein großes Erlebnis, denn Taufe ist bleibende und aktuelle Grundlage des ganzen christlichen Lebens.

Tauffeier
Jesus ist Quelle des Lebens

Hier kann nicht der gesamte Ablauf der Tauffeier wiedergegeben werden, doch die thematischen Impulse können für manche Taufe Anregung sein.

In der Vorbereitung

lag der Schwerpunkt der Kindergarten-Arbeit überwiegend auf dem Thema »Wasser«. Viele Elemente davon sind in diesem Kapitel wiederzufinden. Der Gemeindegottesdienst ist auf die Taufe abgestimmt mit passenden Liedern, Fürbitten, Lesungen (Gen 1, V 1-10 und Röm 6, 3-4) und dem Predigtgespräch.

Beitrag der Kinder im Gottesdienst

Alle Kinder begleiteten das Taufkind Leonie mit ihren Eltern und Gästen zum Taufbecken im Altarraum und erleben von dort die Feier mit. Zu den erklärenden Worten des Pastors schmücken einige Kinder das Taufbecken mit einer frischen Blumengirlande und daran hängenden Wassertropfen aus weißem Papier.
Lied: »Ohne Wasser können wir nicht leben« (siehe S. 28).
Neben dem Glaskrug mit Taufwasser steht auf dem Altartisch Leonie's Taufkerze, von uns verziert mit all den Dingen, die Wasser brauchen, und darüber spannt sich ein Regenbogen. Die Taufpatin entzündet die Kerze während der Feier an der Osterkerze und überreicht sie ihr mit einigen Kindern. Dazu singen alle Kinder:
»Tragt in die Welt nun ein Licht« (Mein Liederbuch 2, C 25).
Zum Ende der Feier trägt ein Gemeindemitglied eine gefaltete »Gute-Wünsche-Blume« zum Taufbecken und legt sie auf's Wasser. Sie öffnet sich und der Wunsch wird vorgelesen: *»Wir alle aus der Gemeinde wünschen dir, dass du in der Familie und Gemeinde Halt findest wie die Blume mit ihren Wurzeln in der Erde. Wir wünschen dir, dass du reichlich von allem bekommst, was du brauchst, wie diese Blume das Wasser. Wir wünschen dir, dass du wie diese Blume Freude in die Welt bringst!«*
Alle antworten mit einem *»Darum bitten wir dich, Herr.«* Dann überreicht jedes Kind in einer Prozession dem Taufkind seine Gute-Wünsche-Blume.
(siehe auch Was+wie Heft 4/87, W. Longardt)

Abschließendes Lied: *»Wasserquell, Wasserquell«* (siehe S. 28).

Diese Blumen begleiten Leonie noch viele Wochen, täglich mit einem neuen Wunsch, und erinnern sie an ihr Tauffest.

Hinweise zur Weiterarbeit: Wasser

Beiträge aus Wastwie

1/79 Wasser – Schnee – Eis
1/80 Fußwaschung und Mahl
1/80 Wasser ist Leben
2/81 Taufe – ein fröhliches Fest
2/82 Erntedankfest vom Wasser
3/82 Wenn Regen wie eine Erlösung kommt
4/83 Taufe unter einem Zelt von Segenswunschbändern
1/84 Wasser und Wein
2/85 Ohne Wasser können wir nicht leben
2/85 Sonne, wo bist du? Regen, wo bist du?
4/87 Tauffeste gewinnen Gestalt
1/91 Jona Beiträge in großer Vielfalt
1/92 Fastenzeit (Rahmenplan) Wir haben Durst
2/94 Pfingsten, das große Tauffest
4/94 Geschichten und Symbole

Informationen aus Wastwie

zum Christentum:
2/93 Fasten bei Christen
3/93 Christlicher Glaube
4/95 Gespräch über Jesus
1/96 Judentum, Christentum

zum Judentum
2/94 Sabbat Tradition
3/94 Elternabend zum Thema
3/95 Laubhüttenfest
4/95 Gespräche über Jesus
4/95 Jüdische, Christliche Sitten
1/96 Judentum, Christentum

zum Islam
3/92 Elternverhalten
2/93 Fasten bei Muslimen
1/95 Frau im Islam

Bibeltexte zum Symbol Taufe

Neues Testament
Matthäus 3,1-12
Predigt Johannes des Täufers
Matthäus 3,13-17
Taufe Jesu
Johannes 3,1-34
Der mit dem Hl. Geist tauft
Apostelgeschichte 8,26-40
Philippus tauft einen Eunuchen
Apostelgeschichte 10
Die Taufe des heidnischen Hauptmannes Cornelius
Römer 6,3-8
Getauft auf Christi Tod
Galater 3,26-29
Die Gleichwertigkeit derer, die auf Christus getauft sind

Bibeltexte zum Symbol Wasser

Altes Testament
1. Mose 6
Sintflut
Psalm 42,2
Wie der Hirsch schreit nach frischem Wasser
Psalm 65 V 10 u.11
Du bewässerst das Land
Jesaja 44 V 3 u. 4
Ich will Wasser gießen auf das Durstige

Neues Testament
Matthäus 11,28
Ich will euch erquicken
Matthäus 14,22-33
Jesus wandelt auf dem Wasser
Matthäus 27,24
Jesus vor Pilatus
Johannes 13,1-15
Die Fußwaschung
Johannes 4,1-26
Jesus und die Samariterin am Jakobsbrunnen
Johannes 5,1-9
Heilung eines Kranken am Teich Betzata
Die Stillung des Seesturms
Jona
Johannes 7,37-38
Wer dürstet, der komme zu mir und trinke
Offenbarung 22,17
Wasser des Lebens

Weitere Literaturhinweise

Babara Blum-Heisenberg , Die Symbolik des Wassers, München 1988.
Werner Dausien, Das Wasser des Lebens. Märchen und Sagen vom Wasser, Prag 1981.
Wolfgang Gerts u.a. (Hg.), Religion spielen und erzählen, Gütersloh 1993.
Adriano Martins, »Das Märchen vom Kolibri«, aus: Jeder Tropfen zählt, Fastenaktion 1996 von Misereor, Aachen 1996.
Wolfgang Longardt, Spielbuch Religion 1 und 2, Lahr 1981.
Gisela Walter, Wasser – Die Elemente im Kindergartenalltag, Freiburg 1996.

Luft/Wind

Draußen bläst ein gewaltiger Sturm. Die Menschen auf der Straße ziehen ihre Mützen fest über die Ohren und müssen sich richtig gegen den Wind stemmen, um überhaupt weiter zu kommen. Die Kinder haben zunächst nicht viel davon bemerkt, sondern in der Kindergartengruppe gespielt. Doch plötzlich springt Katrin auf und läuft zum Fenster. »Schaut mal, wie der Baum sich biegt«, ruft sie, »gleich wird er brechen«! Alle Kinder laufen zum Fenster und sehen, wie der Wind die Spitze einer großen Pappel zur Seite drückt, sodass sie fast abzubrechen scheint.
Solch ein Sturm hat eine ungeheure Kraft. Im Wald kann er Bäume entwurzeln oder einfach abknicken, so als wenn es nur dünne Streichhölzer wären.
Den Wind kann man nicht sehen, selbst den heftigsten Sturm nicht. Man kann ihn aber hören und fühlen. Sehen kann man jedoch, was er bewirkt: wie er ein Blatt oder ein Stück Papier durch die Luft treibt, wie die Äste sich biegen oder wie er die Flügel eines Windrades zum Drehen bringt. Es ist eine große unsichtbare Kraft, die der Wind entfalten kann.
Auch Gottes Geist kann man nicht sehen, aber man kann spüren, dass er am Werke ist. Darum wird in der Bibel von Gottes Geist im Bilde des Windes gesprochen. Denken wir an die Pfingstgeschichte (Apostelgeschichte Kap. 2). Da sitzt ein ängstliches Häuflein von Menschen zusammen, die einst Jesus gefolgt waren und nicht wissen, wie es nun weitergehen soll, nachdem Jesus nicht mehr unter ihnen ist. Aber plötzlich fassen sie Mut und fangen in aller Öffentlichkeit an, von Jesus und seiner Auferstehung zu reden und eine christliche Gemeinde zu sammeln. Es muss eine große unsichtbare Kraft hinter dieser ersten Predigt gesteckt haben, eine Kraft, die bis heute wirkt; denn was damals begonnen hat, wirkt in der christlichen Gemeinde nach, fast 2000 Jahre später. Nein, das kann man nicht mit geschicktem Reden oder raffinierter Werbung erklären, aber vielleicht durch die Kraft des Geistes Gottes. Und eben diese Kraft wird in der Pfingstgeschichte wie das Brausen eines gewaltigen Sturmes beschrieben, den man nicht sieht, dessen Wirkung aber unübersehbar ist und von jedermann erfahren werden kann.
Nach einem heißen Sommertag freut sich abends jeder, wenn ein kühler Wind weht. Dann kann man richtig durchatmen; dann fühlt man sich wie neu belebt, selbst wenn nur ein kleines Lüftchen weht. Das Atmen von frischer Luft ist für das Leben notwendig. Die Luft umgibt uns, wo wir gehen und stehen. Wir atmen sie aus und ein. Dabei denken wir meistens weder an die Luft noch an das Atmen. Vielleicht sollten wir das öfter tun; denn Menschen müssen alles vermeiden, was die Luft verschmutzt. In schlechter Luft kann man nicht leben.
Atem und Leben gehören zusammen; Tote atmen nicht mehr. In der Bibel wird von Gottes Atem gesprochen. Atem ist mehr, als nur Sauerstoff in die Lunge saugen. Atem ist das Leben, das Gott schenkt. Als Gott den Menschen aus Erde geformt hatte, wie der Künstler eine Plastik aus Ton, da blies er ihm den »Atem des Lebens in seine Nase. Und so ward der Mensch ein lebendiges Wesen« (1. Mose 2,7). Atmen können ist ein göttliches Geschenk. Leben heißt Anteil haben an Gottes Atem und Geist. Darum heißt es im Buch Hiob: »Der Geist Gottes hat mich gemacht und der Atem des Allmächtigen hat mir das Leben gegeben« (Hiob 33,4). Und an anderer Stelle umgekehrt: »Wenn Gott seinen Geist und Atem an sich zöge, so würde alles Fleisch miteinander vergehen und der Mensch würde wieder zu Staub werden« (Hiob 34,14.15).
Gottes Geist umgibt uns überall wie die Luft, die wir nicht sehen, aber spüren können. So nötig, wie der Atem zum Leben, ist Gottes Geist, der unser Leben geschaffen hat und erhält.

Vom Erleben zum Verstehen des Symbols

Es liegt nahe, den Kindern den Wind als Symbol zu erschließen, da sie ihn elementar erleben. Atem und Luft bedeuten Leben, der Wind bedeutet Bewegung, Antrieb und Kraft.
Das Kind erlebt das mit seinem ganzen Körper, mit all seinen Sinnen.

Teil 1

Wahrnehmung sensibilisieren

Das Hauptaugenmerk gilt den Winderfahrungen im Freien, denn wo sonst könnten die Kinder sie hautnaher und situativer erleben.
Wir wollen ihnen die Fähigkeit erhalten, alltägliche Dinge wahrzunehmen und über sie zu staunen. Sie werden damit nicht nur zu einem sensiblen Umweltbewusstsein herangeführt, sondern auch zu einem tragfähigen Glauben.
Anders als den Kindern sind uns Erwachsenen die verschiedenen Wirkungsweisen des Windes vertraut, und wir können bewusst damit umgehen. Wir haben gelernt, die Kraft des Windes zu nutzen und uns vor der Kraft des Windes zu schützen. Kinder sammeln diese Erfahrungen und sind neugierig auf's Entdecken. Sie brauchen Zeit und Möglichkeiten, ihren eigenen Erfahrungsschatz aufzubauen, und zwar ganzheitlich und mit all ihren Sinnen.

Erlebnis

Vor einigen Wochen kam nach vielen Regentagen Sturm auf. Die Kinder spielten morgens in ihrer Kindergartengruppe, als plötzlich der fünfjährige Torben aufsprang, auf die Pappeln des Spielplatzes zeigte und rief: »Da, guckt mal, der Baum bricht gleich ab!« Der Sturm drückte die Baumkrone der Pappel in eine beängstigende Schräglage. Vorbei war das intensive Freispiel und die Kinder verfolgten staunend und beeindruckt, aber auch neugierig, im sicheren Abstand das Naturschauspiel.
Hätte Torbens Vater, aus seinem Bürofenster schauend, auch so reagiert?
Neugierde ist eine wunderbare und notwendige Voraussetzung für das Sammeln von Erfahrungen. Kinder wollen entdecken und erleben, wie sich Dinge entwickeln. Sie können aber auch staunen, verharren, sogar sprachlos sein.

Winderfahrungen im Freien

Entdecken des Windes

■ An einem windigen Tag wollen wir auf unserem Spielgelände den Wind spüren.

- Mit einem angefeuchteten Finger stellen die Kinder draußen fest, aus welcher Richtung der Wind kommt.
- Nun lassen sie Seifenblasen mit dem Wind treiben.

Wichtige Erfahrungen der Kinder:

vir fühlen
ınd sehen
Wind

- Nicht jeder empfindet den Wind gleich stark.
- Auf höher gelegenen Plätzen (z.B. Kletterturm) pfeift der Wind kräftiger als auf ebener Erde.
- Windstärken sind unterschiedlich, schwach, böig, stark, wirbelnd.

■ Die Kinder suchen windgeschützte Stellen, wie z.B. in einer Mauernische, hinter einem dicken Baum oder einem Busch.

- Im Windschatten fühlen wir uns geschützt.
- Im Windschatten ist es wärmer.

Spiele mit dem Schwungtuch

■ Die Kinder halten das Schwungtuch

- und lassen sich mit dem Wind treiben;
- sie gehen gegen den Wind an;
- einige Kinder kriechen unter das Tuch, während die anderen experimentierend einen leichten Windhauch, Windböen und Sturm mit dem Tuch nachahmen;
- sie legen einen Luftballon auf das Tuch und versuchen, ihn auf der Fläche zu halten;
- sie legen einen Ball auf das Tuch und machen damit neue Erfahrungen.

'ir spielen
mit dem
hwungtuch

■ Bei leichterem Wind eignet sich für diese Übungen besser eine dünne Plastikplane.

Wichtige Erfahrungen der Kinder:

- Der Wind hat Kraft.
- Das Schwungtuch verstärkt diese Kraft wie ein Segel durch seine Fläche.
- Wir können seine Kraft für uns nutzen.
- Er kann uns treiben und wir fühlen uns dabei leicht.
- Er kann seine Richtung und Stärke plötzlich ändern.
- Wir können uns dem Rhythmus des Windes anpassen.
- Wir hören und spüren den Wind unter dem Schwungtuch anders als am Tuch stehend.
- Es ist schwieriger, den Luftballon auf dem Tuch zu balancieren als den Ball.

Windbeobachtungen in der Natur

■ Wir fühlen den Wind und sehen seine Wirkung, wenn wir:

- Mit dem aufgespannten Schirm gegen den Wind ankämpfen;
- ein Windrad bauen, das sich ratternd dreht;
- einen Drachen steigen lassen und die Kraft des Windes spüren;
- eine Papierschwalbe fliegen lassen und sie tanzend auf ein Ziel zufliegt;
- den Samen einer Pusteblume wegblasen und zusehen, wie weit er fliegt;
- die Wolken betrachten, wie der Wind sie weitertreibt;
- die Wasserpfützen beobachten und sehen, wie sich die Oberfläche kräuselt und kleine Wellen entstehen;
- am See stehen, wo kein Windhauch das Wasser trübt.
- Am Strand erleben, wie der Sturm die Wellen aufpeitscht.

Die vielen Gesichter des Windes

■ Die Luft und den Wind können die Kinder in vielschichtigen Erscheinungsformen erleben:

wir erleben den Wind in vielen Formen

- Im Atem, der Leben bedeutet und uns fähig macht zu Sprache und Musik;
- in der Luft, unsichtbar, nicht spürbar und doch immer vorhanden;
- im Wehen, ohne das kein Blütenstaub und Pflanzensamen weitergetragen würde;
- im Wind, der die Drachen hochträgt und das Land trocknet;
- im Sturm, dem wir auch manchmal ängstlich ausgeliefert sind;

  Kinder nehmen diese Eindrücke ungefiltert auf und lassen sie erst einmal auf sich wirken.

Winderfahrungen im Raum

Windspiele mit einem Wattebausch

wir pusten mit einem Wattebausch

■ Die Kinder sitzen um einen runden Tisch. Vor einem Kind liegt ein Wattebausch, den es zu seinem Gegenüber pusten soll. Dabei schickt es gute Wünsche mit auf die Reise. Der Empfänger setzt das Spiel fort.

Dieses Spiel eignet sich auch gut als Wettspiel:

■ An einem langen Tisch sitzen sich zwei Mannschaften gegenüber. Parallel zu ihnen ist auf die Mitte des Tisches eine Linie gezeichnet, auf der ein Wattebausch liegt. Auf ein Startzeichen hin versucht jede Mannschaft den Wattebausch ins gegnerische Feld zu blasen und bekommt einen Punkt, wenn es ihr gelingt. Gesiegt hat die Mannschaft mit den meisten Punkten.

Wichtige Erfahrungen der Kinder:

- Wir können mit unserem Mund Wind machen.
- Wir können die Windstärke selbst bestimmen.
- Wir können die Windrichtung steuern.
- Wir können einen Gegenstand zu einem Ziel bewegen.
- Wir sind beim Wettspiel auf den Einsatz jedes Einzelnen angewiesen.

Windspiele mit Federn

■ Jedes Kind wirft eine Hand voll Daunen in die Luft und sieht zu, wie sie schweben, um schließlich geräuschlos zu Boden zu schaukeln.

■ Es wiederholt den Vorgang und erlebt, wie die Federn sich leicht wiegen, sich auf- und abbewegen und schließlich sanft auf den Boden sinken.

Dazu kann passende Windmusik gespielt werden

wir lassen Federn schweben

■ Das Kind hat eine Hand voll Daunen auf der flachen Hand und versucht, sie quer durch den Raum zu tragen. *Wer schafft es, keine zu verlieren?*

■ Das Kind wirft eine Daune in die Luft.

Wer kann sie durch Pusten am längsten oder am weitesten schweben lassen?

Wichtige Erfahrungen der Kinder:

- Es erfordert viel Geschick, leichte Gegenstände zu steuern.
- Genaues Beobachten ist nötig, um den Federtanz nachzuahmen.
- Der eigene Kraftaufwand muss dem Gewicht des Gegenstandes entsprechen.

Windgeräusche

wir ahmen den Wind nach

■ Auf einem Tisch haben wir verschiedene Dinge bereitgestellt, die uns als Resonanzkörper dienen, um Windgeräusche nachzuahmen:

- Leere Flasche
- Flaschen, mit Wasser unterschiedlich hoch gefüllt
- Kamm und Butterbrotpapier
- Jogurtbecher an einer Schnur
- Schüssel mit Wasser und Strohhalm.

Teil 2

Erfahrungen von der Wirklichkeitsebene auf die Symbolebene übertragen

Gespräche

Gesprächen in der Gruppe über Winderfahrungen

■ Kinder werden häufiger vom Wind erzählen als von der Luft oder dem Atem, weil sie ihn deutlicher fühlen und hören.

wir sprechen miteinander

Wenn das Kind von seinen Erlebnissen und Erfahrungen berichtet, hören wir aufmerksam zu und stellen dabei fest, dass von unterschiedlichen Luftbewegungen die Rede sein kann: von der Windstille – dem Windhauch – Wind – Sturm – oder Orkan. Woran lassen sich die Unterschiede erkennen? Das Kind wird von der Wirkung erzählen, die es gesehen oder auch gefühlt hat. Einen warmen, windstillen Sommerabend empfinden wir anders als eine frische Brise an der See oder einen Sturm auf dem Meer.

Wie nahe liegend sind da die Gedanken an die Erzählungen im Neuen Testament vom Sturm auf dem See und den ängstlichen Jüngern im Boot (Markus 4,35-41) oder der vom Pfingstwunder (Apg 2); und aus dem Alten Testament von der Erschaffung des Menschen (1. Mose 2,7).

Ideenbörse Luft – Wind

■ In unserem Sprachgebrauch sind viele Wortzusammensetzungen auch jüngeren Kindern schon geläufig.

wir sammeln Ideen

Wir tragen sie gemeinsam zusammen. Dabei werden alle Einfälle aufgeschrieben, ohne sie zu bewerten.

Die Ideenbörse ist noch zu ergänzen und könnte auf verschiedene Weise zusammengestellt werden. Auf einer Pinnwand oder Tafel ist der blasende Wind angedeutet.

■ Rhythmikinstrumente sind vorbereitet.Das Kind, das einen passenden Begriff nennt, kann ihn nach eigener Intention mehrmals rhythmisch mit einem Instrument begleiten, wie z.B. Aufwind = Tonleiter auf dem Glockenspiel, Windstoß = kurzer kräftiger Trommelschlag, Windhauch = leiser Beckenschlag.

wir begleiten rhythmisch

Redewendung von Luft und Wind

Die unterschiedlichen Winderfahrungen befähigen das Kind, eigene Gemütsverfassungen wie in einem Spiegel wiederzuerkennen, wenn es zum Beispiel »aufbrausend« reagiert und kaum zum Atemholen kommt. In der Erwachsenenwelt sind diese Erfahrungen so geläufig, dass sie zur Alltagssprache in Redewendungen gehören. Jeder versteht, wenn z.B. von der großen »Flaute« oder dem ersehnten »Rückenwind« die Rede ist. So wachsen Kinder auf natürliche Weise in das symbolhafte Verständnis unserer Sprache hinein.

wir tauschen unsere Gefühle aus

■ Wir tauschen unsere Gefühle aus, die wir haben, wenn

- uns jemand stürmisch umarmt,
- wir eine Flaute erleben,
- wir Rückenwind kriegen,
- wir im Windschatten stehen,
- frischer Wind um unsere Nase weht,
- wir Luftschlösser bauen,

- dicke Luft herrscht,
- wir für jemanden Luft sind,
- die Luft raus ist,
- wir eine Atempause brauchen,
- jemand einen längeren Atem hat als wir,
- es uns den Atem verschlägt,
- es nach einer windigen Sache aussieht,
- Stille vor dem Sturm herrscht.

Vielleicht äußern die Kinder den Wunsch, die Redewendungen unter negativen oder positiven Empfindungen einzuordnen. Über eine mögliche visuelle Gestaltung könnte die Gruppe beraten.

Was wäre, wenn der Wind nicht wär?

die einen sind froh, die anderen traurig

■ Die Kinder erzählen, was ihnen dazu einfällt. Seltsamerweise erinnern sich die meisten Kinder eher an positive Winderlebnisse und bedauern, wenn es den Wind nicht gäbe. Anders dagegen reagieren meistens die Erwachsenen, wenn sie von den schlimmsten Auswirkungen des Windes berichten und froh wären, wenn es ihn nicht gäbe. Natürlich spielt hier auch der Beruf eine entscheidene Rolle, denn wie könnte der Gärtner, Bauer, Segler, Flugzeugführer, Segelflieger, Luftkraftwerker, Meteorologe und viele andere auf den Wind verzichten. Die gegensätzlichen Windbeschreibungen machen sowohl seine Nützlichkeit als auch seine bedrohliche Wirkung deutlich.

wir malen Redewendungen

■ In zwei Kleingruppen könnten die Kinder wörtlich genommene Redewendungen aufmalen, damit man daraus ein Ratespiel machen kann, wenn man sich nach 20 Minuten wiedertrifft. Durch wörtliches Malen können sehr lustige Bilder entstehen: »Sturm im Wasserglas« oder »Stille vor dem Sturm«, »Wenn wir im Windschatten stehen« usw. Bei der anschließenden Auswertung wird deutlich, dass wir im Bild des Windes sehr verschiedene seelische und geistige Situationen beschreiben.

Was wäre, wenn der Geist in uns nicht wär?

(Der Atem oder Geist des Menschen oder Gottes)

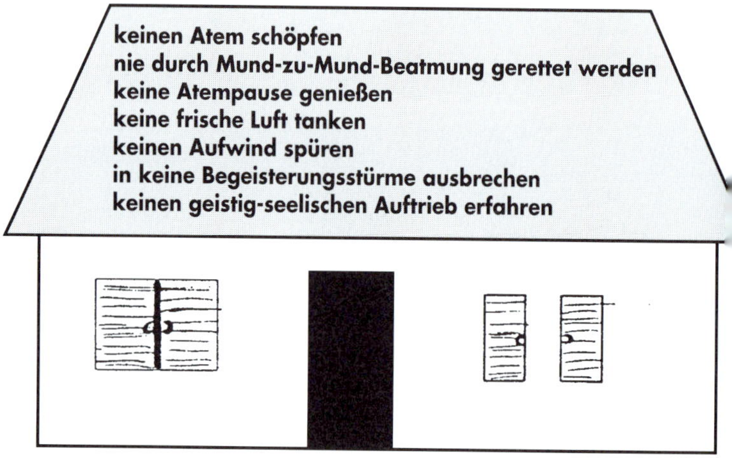

■ Collage: Das Haus mit verschlossenen Türen und Fenstern sieht nicht einladend aus. Es stellt das Haus der Apostel dar, in dem sie auf die Sendung des Heiligen Geistes warten. Sie fühlten sich allein gelassen, ängstlich und mutlos. Unsere Gedanken zur Frage »Was wäre, wenn der Geist in uns nicht wär«? tragen wir zusammen und schreiben sie auf das Dach des Hauses.

wir stellen es anschaulich dar

■ Die Sendung des Hl. Geistes aus der Apostelgeschichte 2,2 könnte im Anschluss daran vorgelesen werden. Der biblische Text unterstreicht im Verhalten der Apostel unsere Aussagen auf der Collage. Auch unseren Kindern ist die Erfahrung von Angst, Kummer und Mutlosigkeit bekannt. Die Pfingstgeschichte zeigt uns Perspektiven auf, diese bedrohenden Gefühle zu überwinden durch ein Leben mit dem Geist.

Da entstand plötzlich vom Himmel her ein Brausen wie von einem daherfahrenden gewaltigen Sturm und erfüllte das ganze Haus (...), und alle wurden mit dem Heiligen Geist erfüllt (Apg 2,2.4).

■ Zur Vertiefung könnte bei älteren Kindern auch die Bergpredigt herangezogen werden aus Matthäus 5.1. Hier beschreibt Jesus deutlich, dass der Geist entscheidend ist, aus dem heraus wir handeln.

Geschichten – Rätsel

»Wer ist es?
Du kannst ihn nicht sehen,
und doch ist er da.
Du spürst ihn oft wehen
von fern und von nah«.
Der Wind

Erzählung vom Wind

Auf der Straße war viel Betrieb. Ein Mann drängte sich durch die Menge und schrie: »Der Kuckuck soll ihn holen, diesen Wind! Er hat mir einfach meinen Hut vom Kopf gerissen«. Und der Mann lief durch die Straßen zur Stadt hinaus, übers Feld, bis er den Hut endlich erwischt hatte. In einem Vorgarten schimpfte eine Frau laut vor sich hin: »So ein schlimmer Wind, reißt mir doch die neuen Hemden vor der Leine herunter.« Sie hatte die Wäsche zum Trocknen aufgehängt, und der Wind zerrte und rüttelte nur so daran herum. »Na schön, wenn ich euch nichts recht machen kann, dann kehre ich dorthin zurück, wo ich geboren bin«, sagte der Wind. Er hörte auf zu wehen und flog davon. Es wurde still. Kein Lüftchen war mehr zu spüren. Am anderen Tag wollte die Frau die Wäsche von der Leine nehmen, aber die Wäsche war immer noch nass. So blieb es auch am dritten, am vierten Tag. Sie wurde nicht trocken. Die Frau seufzte: »Wenn doch Wind aufkäme oder die Sonne würde scheinen ...« Doch die Sonne schlief hinter schweren Wolken und wartete auf den Wind. Sie wartete darauf, dass er die Wolken verjagen würde. Noch vor dem Morgengrauen begann es zu regnen. Überall gab es Pfützen über Pfützen, Felder und Wiesen waren ganz aufgeweicht. Ein Bauer trat aus dem Haus, schaute zum Himmel und meinte: »Bei so regnerischem Wetter kann man auf dem Feld nicht arbeiten, der Boden ist zu feucht. Wenn doch nur ein Windchen wehen würde ...«. Nur die Kinder waren zufrieden. Sie hüpften und plantschten in den Pfützen herum, dass es eine Freude war. Der Löwenzahn auf der Wiese jammerte: »Wer wird meine Fallschirmchen mit dem Samen aufwirbeln und forttragen?« Es blieb still. Die Blätter an den Bäumen rauschten nicht mehr. Kein Zweig knackste im Wind. Eichhörnchen und Vögel regten sich nicht. Wo war er nur, der Wind?

der Wind konnte es niemandem recht machen

Er war zu seinen Eltern, dem Schneesturm und der Windbraut, zurückgekehrt und beklagte sich bei ihnen über die Unzufriedenheit und Undankbarkeit der Menschen. Der Schneesturm wurde ärgerlich und befahl dem Wind: »Mach keine Dummheiten, kehre sofort zu deinen Pflichten zurück: Du musst auf der Erde blasen!«
Der Wind kehrte zur Erde zurück. Er vertrieb die dunklen Wolken, die Sonne schüttelte den Schlaf ab und schickte wieder ihre warmen Strahlen auf die Erde. Der Wind fegte über die Straßen und trocknete alle Pfützen, fuhr über die Wiesen, wirbelte die Fallschirmchen mit den Löwenzahnsamen in die Höhe und trieb sie weit weg von der Pflanze. Dann machte er sich daran, die Wäsche zu trocknen. Und als es Abend wurde, wiegte er Eichhörnchen und Vögel in den Schlaf und legte sich dann selbst in den Kronen der Bäume zur Ruhe.
Sollte der Wind dir oder mir einmal die Mütze vom Kopf reißen und das Haar zerzausen, so sollten wir ihm nicht böse sein. Er hat viel auf der Erde zu tun und braucht seinen Spaß.

Bilder – Dias

Die Bildbetrachtung veranschaulicht die Wirkung des Windes. Sie lässt das Kind sich identifizieren mit seinen eigenen Winderfahrungen oder erschließt ihm neue Wirkungsfelder des Windes.
Bilder erzählen Geschichten über andere Länder und die Winderfahrungen dieser Menschen.
Bei der Bild- oder Diabetrachtung handelt es sich um stehende Bilder, die das Kind lange betrachten und sich auf Details konzentrieren kann. Die Dauer bestimmt das Kind und nicht der Erwachsene. Es sieht andere Dinge und mehr Dinge, als wir Erwachsenen wahrnehmen. Wichtig ist, dass das Kind selbst zum Sprechen kommt. Fernsehen oder Kino mit »bewegten« Bildern werden in diese Betrachtung nicht mit einbezogen.

Betrachten der Bildersammlung

■ Die Kinder bekommen die Aufgabe, zu Hause nach Bildern, Fotos und Dias zu suchen, die etwas über die Wirkung des Windes aussagen. Die mitgebrachten Bilder, Fotos oder Dias werden in der Gruppe betrachtet und die gemachten Beobachtungen ausgetauscht.
Sollte ein Kind im Auslandsurlaub ausgetrocknete Landschaften, Stürme o.Ä. erlebt haben, so kann es seinen Freunden Bilder davon zeigen, die seine Eindrücke veranschaulichen.

Bildbetrachtung über Wetter – Wolken – Stürme

sich über die Natur informieren

Kinder aller Altersstufen zeigen großes Interesse an naturwissenschaftlichen Informationen. Wenn sie auf Bildern sehen, wie sich Stürme, Wirbelstürme und Orkane entwickeln und auswirken, so löst das bei den Kindern Staunen und Begeisterung, Furcht und Freude aus.

■ Manche Aussage von Kindern lässt sich vielleicht in ein frei formuliertes Gebet aufnehmen. Das kann sowohl den Dank für unsere Schöpfung beinhalten, als auch die Bitte um Hilfe für unwettergeschädigte Menschen. Der Gedanke der Mitverantwortlichkeit für unsere Umwelt (saubere Luft ...) könnte auch in das Gebet einfließen.

Lieder – Musik

Die Schwingungen in der Luft hören wir als Musik. Wir können uns von ihnen durchdringen lassen und mitschwingen.
Musik macht uns offen für Eindrücke und hilft uns, Dinge zu verinnerlichen und zu vertiefen. Musik gibt uns aber auch die Möglichkeit, uns aus – zu – drücken und so Empfindungen mitzuteilen und zu verarbeiten. Ein Tanz kann erzählt werden oder eine Erzählung kann getanzt werden. Tanz ist Bewegung und entspricht dem elementaren Bedürfnis der Kinder. Eine weitere Ausdrucksform ist das Lied. Freude, Lob und Dank lassen sich musikalisch viel beschwingter ausdrücken als in gesprochener Form. Gedanken mit wichtigen tiefen Aussagen erreichen das Kind im Lied leichter und hinterlassen eher einen dauerhaften Eindruck.

Ich kann den Wind nicht sehen

Text und Melodie: Christel Klotz

2. Ich kann den Strom nicht sehen, aber das Licht andrehen.
Vati sagt, du siehst daran: es gibt so viel, was niemand sehen kann.
3. Ich kann die Hitze nicht sehen und doch ohne Jacke gehen.
Oma sagt, du siehst daran: es gibt so viel, was niemand sehen kann.

4. Ich kann die Kälte nicht sehen, aber sie zwickt in den Zehen.
Opa sagt, du siehst daran: es gibt so viel, was niemand sehen kann.
5. Ich kann auch Gott nicht sehen, das kann ich nicht gut verstehen.
Mutti sagt, glaub fest daran: es gibt so viel, was niemand sehen kann.

Windkanon

2. Atem Gottes weht durch uns're Welt, Atem Gottes uns am Leben hält: Kommt und singt und staunt mit mir!

Text und Musik: Wolfgang Longardt

Zu Pfingsten in Jerusalem

2. Und der Petrus sprach und der Petrus sprach:
»Jesus lädt euch alle ein,
denn so bunt wie ihr, denn so bunt wir ihr
so soll die Gemeinde sein.«
3. Viele riefen froh, viele riefen froh:
»Ob wir groß sind oder klein
wir gehör'n dazu, wir gehör'n dazu,
Jesus lädt uns alle ein.«
4. In Jerusalem, in Jerusalem
gibt's zu Pfingsten Sturm und Wind
viel Begeisterung, viel Begeisterung
man bei Jesu Freunden find't.
5. Ihr Geburtstagsfest, ihr Geburtstagsfest
feiert die Gemeinde heut'!
Sagt es allen hier, öffnet weit die Tür:
Gottes Wort ruft alle Leut'!

Text und Musik: Wolfgang Longardt

Wind, Wind, der Samen weht

(auch im Kanon für 2-4 Stimmen)

2. Wind, der die Mühle dreht,
sacht durch die Blumen geht.
Wind, der den Sandsturm schafft:
welch eine Kraft!
3. Wind, der zu Pfingsten weht,
durch unsre Herzen geht.
Geist, der die Freude schafft,
welch eine Kraft!
4. Geist, der uns treibt wie Wind,
dass wir nur Boten sind.
Geist, der Gemeinde schafft:
welch eine Kraft!

Text und Musik: Wolfgang Longardt

Malen – Basteln – Gestalten

Kinder vergessen ihre Umwelt, wenn sie malen und mit verschiedenen Materialien experimentieren können. Dabei vermischen sie Bilder aus der Erinnerung mit der Phantasie der Gegenwart. Die Ergebnisse sind oft ein Gemisch aus eigenem Handeln und zufälliger Gestaltung. Sowohl beim Malen, als auch beim Basteln und Gestalten, üben »zweckentfremdete« Materialien beim Kind einen besonderen Reiz aus. Was wir als »wertloses« Material bezeichnen, wird vom Kind »unbedingt gebraucht«, so z.B. ein Blatt als Segel und Nussschalen als Segelboote, ein Strohhalm für besseres Farbenpusten, ein ausgedienter Leinenbeutel als Windsack. Hat ein Kind genug Freiraum, so wird es die Materialien nicht nur »testen«, sondern mit ihnen in phantasievoller Weise spielen. Es lernt so seine Welt besser kennen und verstehen. Das eigene Erfolgserlebnis gibt ihm Rückenwind für neue Aktivitäten und stärkt sein Selbstvertrauen, die Gemeinschaftserlebnisse festigen das soziale Empfinden.

Malen mit Musik

Material:
Großer Papierbogen – Wachsmalkreide – Tesafilm – Musikkassette oder Schallplatte.

So wird's gemacht:
■ Das Papier wird an 2 Längsseiten mit Tesafilm auf den Fußboden geklebt. (Teppichboden eignet sich dafür nicht.) So ist beim Malen kein Verrutschen möglich und das Kind kann sich dem Rhythmus der Musik hingeben. Wachsmalkreiden eignen sich gut für großzügiges Malen. Die Kinder malen nach Musik, die Windeigenschaften ausdrückt: sanft, ruhig, anschwellend, aufbrausend usw. Die Bilder werden anschließend in der Gruppe betrachtet und Eindrücke dazu ausgetauscht.

der Wind ist Musik

Pusteblume in Rußbild-Technik

Material:
Dia-Deckgläser (im Fotoladen erhältlich) – spitze Zeichengeräte wie leere Kugelschreiberminen oder Stricknadeln – Kerze – Diaprojektor – Leinwand.

So wird's gemacht:
■ Das Diaglas wird mit einer Holzwäscheklammer über der Kerzenflamme vorsichtig hin und her bewegt. Es stellt sich langsam eine Schwärzung ein, die nicht gleichmäßig sein muss. Auch sanfte Ockertöne sind reizvoll. Die berußte Seite wird nach oben auf den Tisch gelegt und Fingerabdrücke sind dabei zu vermeiden. Nun zeichnen die Kinder Pusteblumen, deren Samen der Wind davonträgt. Es ist darauf zu achten, dass an allen vier Seiten des Dias etwa 5 mm frei bleiben, weil dieser Rand beim Projizieren nicht sichtbar wird.

wir zeichnen auf Dias

- Jedes projizierte Bild bietet ein Erfolgserlebnis.
- Zu den Bildern kann erzählt oder es können passende Lieder (siehe S. 40f.) gesungen werden.
- Optische Möglichkeiten bieten zusätzliche Reize: durch Scharf- und Unscharfstellen, Vorhalten von farbigen Gläsern vor die Linse für Morgen- und Abendstimmung.

■ Auch für Elternabende ist diese Technik reizvoll.

Malen eines Wind-Bilderbuches

Material:
Papier – Wasserfarben – Pinsel – Wachsmalkreiden – Kordel – Locher.

So wird's gemacht:
■ Die Kinder suchen sich eine Maltechnik aus und malen Bilder auf gleich große Papierbögen zu folgenden Themen:
- Windmühle
- entwurzelter Baum
- Windsurfing
- der Sturm auf dem Meer
- die Sendung des Hl. Geistes
- Jona

(dieses Bilderbuch lässt sich gut erweitern)
Die fertigen Bilder werden gelocht und mit einer Kordel zu einem Buch zusammengebunden.
Ob die Kinder noch wissen, welches Bild von einer biblischen Geschichte erzählt?

Basteln einer Windharfe

Material:
1 Blumenuntersetzer von ca. 20 cm Durchmesser – kurze Metallröhrchen (Reste beim Klempner oder Baumarkt) – unterschiedlich lange und starke Metallplättchen (Reste Baumarkt) – Muscheln – starker Faden – Bohrmaschine – Metallbohrer ca. 3 mm – dicke Holzunterlage.

So wird's gemacht:
■ Der Blumenuntersetzer wird mit dem Rand nach oben auf die dicke Holzunterlage gelegt. Am Außenrand werden im Abstand von 2 – 3 cm Löcher gebohrt (abhängig vom aufzuhängenden Klangkörper). Durch die Löcher wird ein starker Faden gezogen, der ca. 20 cm nach unten hängt zum Befestigen der Klangkörper. Nach oben reicht er ca. 30 cm und wird mit allen Fäden zusammengeknotet. Die Klangkörper werden in unterschiedlicher Höhe am Untersetzer aufgehängt. Die Abstände sind so gewählt, dass die Muscheln, Metallröhrchen und -stäbe bei der Bewegung durch den Wind aneinanderstoßen und klingen können. Die Windharfe wird im Eingangsbereich des Hauses oder im Freien an einem Baum aufgehängt, damit der Wind oder der Luftzug die Windharfe zum Klingen bringen kann.

der Wind singt ein Lied

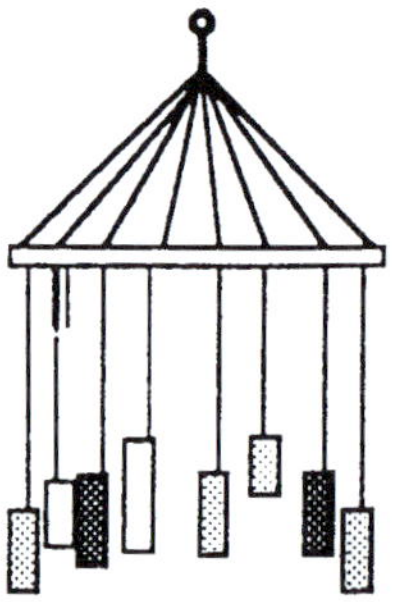

Gestalten eines Fußspuren-Bildes

Material:
Tonpapier – Schere – Buntstifte – Kerze.

So wird's gemacht:
■ Die Kinder umranden ihre Fusssohlen (ohne Schuhe) und schneiden sie aus. Auf dem Fußboden liegt ein grauer DIN-A3-Bogen. Er wird in der Mitte senkrecht geknickt und wieder geöffnet. Nun falten wir den rechten und linken Papierrand zur Mitte. Ein großes Dreieck aus Tonpapier, an der oberen Kante angelegt, lässt das Bild wie ein Haus mit geschlos-

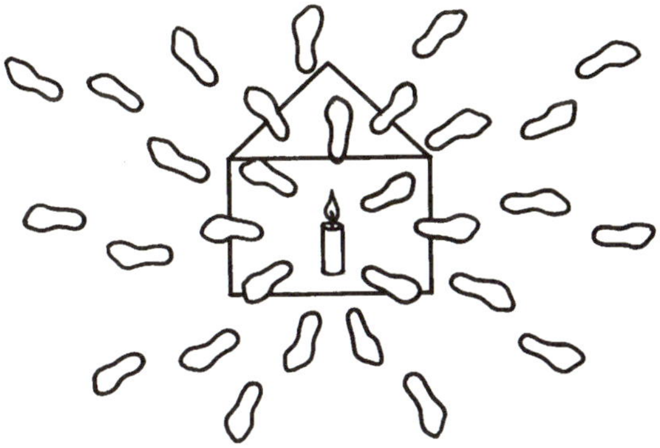

sener Tür erscheinen (Die Kerze kommt erst später dazu).
■ Im Gespräch greifen wir die Situation der Apostel im Abendmahlsaal auf, die hinter verschlossenen Türen geistlos warteten (siehe S. 38).
■ Es kann auch die Apostelgeschichte 2 vorgelesen werden, in der der Geist Gottes im Sturmesbrausen zu ihnen kam.
■ Im Anschluss an eines der Angebote wird die Jesus-Kerze angezündet, die *Tür* geöffnet und die Kerze auf die Mitte des Hauses gestellt.
Nun können die Kinder ihre Fußsohlen als Spuren vom Haus weg in alle Richtungen führen lassen, ähnlich der Sendung der Apostel in alle Welt.
Durch den Empfang des Hl. Geistes wird ein neuer Mensch geschaffen, der offen ist für Gott und die anderen Menschen.
■ Dieses Bild kann auf ein großes Plakat geklebt und im Flur aufgehängt werden (eine ausgeschnittene Kerze aus Papier ersetzt die Wachskerze).

Spiele

Spielen macht Spaß! Eine freudige Spielatmosphäre und viel Raum für Phantasie kommen dem Spielbedürfnis des Kindes sehr entgegen. Die Umgebung bietet dem Kind heute oft unzureichende Möglichkeiten dafür. Wir können Situationen schaffen, vielleicht Ressourcen entdecken und ausschöpfen, die dem Kind und seiner Entwicklung gerecht werden. Beim Spielen werden in ihm Wünsche geweckt und Rücksichtnahme abverlangt, Fertigkeiten gelernt und Grenzen erfahren, soziales Verhalten gefördert und Individualität respektiert. Die Reihe von Lernzielen könnte noch ergänzt werden, doch einige sind in den folgenden Spielen enthalten.

Ballonanticken

■ Jeder Mitspieler schreibt auf einen aufgeblasenen Luftballon seinen Namen. Alle Kinder stehen im Raum verteilt. Sobald die Musik einsetzt, schickt jeder seinen Ballon los. »Fremde« Ballons werden beim Vorbeifliegen mit den Fingern angetickt und so weiterbefördert. Wenn die Musik abbricht, sucht jeder seinen Ballon wieder und das Spiel beginnt von neuem.

mein Name fliegt bei dir vorbei

■ Variante als Kennenlernspiel:
Die Musik setzt ein und alle schicken gleichzeitig die namentlich gekennzeichneten Ballons auf die Reise. Beim Stoppen der Musik wird der vorbeifliegende Ballon gegriffen und zu seinem Besitzer zurückgebracht.
Ob der schnell gefunden wird?

Nachspielen biblischer Geschichten hat verschiedene Ausdrucksformen

■ Als Bewegungsspiel

Die Geschichte wird anschaulich nacherzählt und die Kinder setzen die Tätigkeiten der Personen in Bewegung um. Dabei passt der Erzähler seine Sprache dem Bewegungstempo der Gruppe an.

wir spielen biblische Geschichten in vielfältiger Weise nach

■ Als Rollenspiel

Der Raum wird für den Spielablauf vorbereitet und Requisiten werden bereit gestellt. Die Kinder spielen die Rollen in Sprache und Bewegung nach.

■ Als Schattenspiel

Mit einfachen Mitteln ist eine Schattenbühne herzustellen. Schon ein Holzrahmen mit weißem Stoff bespannt und zwei Klemmleuchten als Beleuchtung sind ausreichend. Alle benötigten Figuren oder Gegenstände reißen die Kinder aus Tonpapier und befestigen sie an Stäben. Sinnvoll ist es, den Kindern vor dem Schattenspiel die biblische Geschichte zu erzählen oder mit ihnen das passende Bilderbuch zu betrachten.
Die Geschichte vom Sturm auf dem Meer und den ängstlichen Jüngern im Boot wird frei erzählt und mit Pausen versetzt so vorgetragen, dass die spielenden Kinder ihre Schattenfiguren ausdrucksvoll einsetzen können.

- Mit Orff-Instrumenten, von der Triangel bis zum Trommelwirbel, lassen sich die Geschichten phantasievoll untermalen.

■ Als Imaginationsspiel

Alles Erlebte tragen wir in Bildern in uns und wir können unsere Erinnerung wieder lebendig werden lassen. Mit geschlossenen Augen und unserer Vorstellungskraft lassen sich besonders eindrückliche Erlebnisse hervorholen. Sie laufen vor unseren »inneren Augen« ab. Es ist möglich, dass so deutliche innere Bilder entstehen, dass wir diese nicht nur sehen, sondern in der Erinnerung auch die Geräusche dazu hören.

Stilleübung
Geschichte von Wind und Löwenzahn

■ Alle sitzen im Kreis. Wir schließen die Augen und stellen uns eine üppig blühende Löwenzahnpflanze vor. Der Erzähler beginnt mit der Geschichte:
Aus einer breiten Spalte zwischen Hauswand und Fußwegplatten quillt eine saftiggrüne Löwenzahnpflanze mit vielen gelben Blütenköpfen hervor. Sie hatte es nicht leicht, diesen Standort zu erhalten. Als der Wind im Sommer die Samen an die Hausmauer wehte, war wenig Erde zum Keimen vorhanden. Nur ein Same konnte Fuß fassen, aufgehen und seine Pfahlwurzel tief in die feuchte Erde bohren. Die Sonnenstrahlen schienen jeden Morgen wärmend auf die Hausmauer und das Pflänzchen konnte geschützt wachsen und seine ganze Blütenpracht entfalten. Sie leuchtet nun jedem Fußgänger schon von weitem entgegen. Der Löwenzahn ist stolz über die bewundernden Bemerkungen der Menschen, doch er hat auch immer etwas Angst, dass ihn jemand eines Tages wie Unkraut herausreißen könnte. Wenn der Wind über den Fußweg fegt und Staub aufwirbelt, so berührt er die prallen Löwenzahnblüten im Schutz der Mauer nur sanft. Bald fühlt der Löwenzahn seine strahlende Kraft schwinden und die Blüten verwelken. Keiner der Fußgänger bemerkt ihn und kann ahnen, wie unglücklich sich der Löwenzahn fühlt.

der Wind ist mein Freund

Doch unter den verwelkten Blütenblättern reifen Samen mit langen weißen »Schirmchen«. Wie kleine Wattekugeln sitzen sie auf dem langen Stiel und leuchten wieder vor der Hausmauer. Da kommt ein Windstoß, erfasst einige Schirmchen und trägt sie auf den Rasen vor dem Haus. »Der Wind ist unser Freund und erhält uns am Leben« denken sie und freuen sich schon auf den Frühling. Nacheinander werden alle Samen vom Wind verstreut und einer fällt direkt in die breite Spalte zwischen Hausmauer und Fußwegplatten.

■ Im Anschluss an die Geschichte eignen sich die Kinder-Windlieder von S. 40.

Gemeinde einbeziehen

Gemeindegottesdienst »Der Geist bewegt uns«
Den ***Impuls*** zu diesem Gottesdienst gab ein gemeinsamer Spielnachmittag der Senioren unserer Gemeinde und des Kindergartens.
In den letzten Jahren bauten sich durch vielerlei Aktionen generationsübergreifende positive Beziehungen zwischen den Kindern, ihren Familien und den Senioren auf.

Zur Gottesdienstplanung:
Inhaltlich sollte deutlich werden, dass wir in einer großen Gemeinschaft mit Gott verbunden sind und wir aus dieser Freude heraus gemeinsam Gottesdienst feiern. Sein Geist schafft Liebe und treibt uns zueinander, wie es in Römer 8 steht. Wir sind eine lebendige Gemeinschaft, die sich verändert, die mal Rückenwind spürt, aber auch mal in einer Flaute steckt. Es ist für jeden Einzelnen lebensnotwendig, dass er mitgetragen wird und dass ihm ein fester Platz im Gefüge der Gemeinschaft gesichert ist.
Verdeutlicht werden sollten diese Gedanken durch ein großes Gemeindemobile, in dem sich generationsübergreifend die Gesichter von Jung und Alt zueinander drehen und das im Altarraum aufgehängt werden sollte. Wenn die brennende Osterkerze unter das Mobile gestellt wird, bringt die warme aufsteigende Luft der Kerze die Gesichter in Bewegung, sodass sie einander ansehen und sich eine Zeit lang wieder abwenden. Doch alle sind miteinander verbunden und von einer Kraft getragen.

In der Vorbereitung
malen die Kinder auf weißes Tonpapier sich selbst und Personen, mit denen sie sich verbunden fühlen. Dann werden die Figuren ausgeschnitten. Die Elternvertreter motivieren viele Eltern zum Malen und die Seniorenbetreuer sammeln für das Mobile gemalte Figuren der alten Leute. Die tragende Achse des Mobiles sind überkreuzte Besenstiele, davon abzweigend kleinere Gymnastikstäbe. Es erfordert viel Geduld, die vielen Figuren aufzuhängen und sie alle in der Balance zu halten.
Die Ablaufschilderung des Gottesdienstes soll hier nur kurz dargestellt werden, um für eigenes Variieren und Ausbauen Raum zu lassen.
In seiner ***Begrüßung*** sagt der Pastor, dass wir als lebendige Gemeinde zusammengehören, wo immer wir unseren Platz haben: in der Familie, im Kindergarten, in der Schule, im Seniorenwohnheim, hier in der Kirche.
In der *Lesung* (1. Korintherbrief 12,12-27) schreibt der Apostel Paulus, dass durch die Taufe jeder Einzelne ein Glied am Leibe Christi ist.
Diesen Grundgedanken greift der Pastor im *Predigtgespräch* auf und überträgt ihn auf unsere Gemeinde.
Das ***Mobile*** symbolisiert die Gemeinschaft von drei Generationen, in der jede ihre Bedeutung hat.
Die ***Osterkerze*** wird entzündet und unter das Mobile gestellt. Die warme aufsteigende Luft bringt Bewegung in das Mobile, sie gibt neuen Aufwind. Die Gebete werden von Schulkindern, Eltern und Senioren vorgetragen. Jede Gruppe bringt darin ihre Anliegen vor Gott.
Nach dem Gottesdienst treffen sich alle zum kleinen Imbiss, den die Eltern vorbereitet haben.

weitere Einsatzmöglichkeiten

■ Das Thema »Der Geist bewegt uns« lässt sich auch auf einen Pfingstgottesdienst übertragen. Evangelium ist die Apostelgeschichte 2 von der Sendung des Hl. Geistes. Sie dient auch als Vorlage für das Predigtgespräch. Entsprechende Pfingstlieder werden ergänzt.
Ein Praxisbeispiel dazu ist in was+wie Heft 2/1988 anschaulich dargestellt.

Hinweise zur Weiterarbeit: Luft – Wind

Beiträge aus WasWie

Bezug zu Wind – Luft

2/79 Wind, Geist und Sinn
2/80 Jona, als Rollenspiel
Jona, als Schattenspiel
2/86 Pfingstalphabet
2/88 Wir gehören zusammen
2/93 Betrachten eines Mobile – Pfingstimpulse
2/96 Pfingsten – Wandel und Veränderung

Lieder zu Wind – Luft

3/85 Wind, der ach so vieles schafft
2/87 Zu Pfingsten in Jerusalem

Weitere Literaturhinweise

Wolfgang Longardt, Leben im Jahreskreis, aus: Spielmappe, Lahr – Freiburg 1979.
ders., Spielbuch Religion, Band 2, Lahr – Zürich 1986.
ders., Im Kreislauf des Jahres, Werkbuch innerhalb des relig.-pädagog. Modells »Vom Atmen«, Gütersloher Verlagshaus, Gütersloh 1978.
ders. Spiel »Wie sind Begeisterte?«, aus: Neue Gottesdienstformen, Band 1, Gütersloh 1976.
Regine Schindler, Wohnt Gott im Wind?, aus: Reihe »Religion für kleine Leute«, Verlag Ernst Kaufmann, Lahr 1992.
Dietrich Steinwede (Hg.), Wenn die Vögel nicht mehr singen (hier: Wer hat den Wind geweckt?, lettisches Volksmärchen), Gütersloher Verlagshaus (GTB 888), Gütersloh 1985.
ders., Pfingsten – Ein Sachbilderbuch, Lahr – Düsseldorf 1979.
ders., Biblisches Erzähllied »Am hellen Tag kam Jesu Geist«, aus: 111 Kinderlieder zur Bibel, Nr. 87, Lahr/Freiburg, 10. Aufl. 1977.

Bibeltexte zum Symbol Luft – Wind

Der Wind als Element

Altes Testament

2. Mose 10,13.19
2. Könige 2,1.11
Hiob 30,22
Psalm 18,11; 104; 103,15-16
Prediger 1,4-5
Hoheslied 4,16
Jeremia 4,11-12
Jona 1,4-16; 4,8

Neues Testament

Markus 4,35-41
Jesus beherrscht den Sturm
Lukas 12,55-56
Apostelgeschichte 2,2
Offenbarung 7,1

Das Leben im Vergleich mit dem Wind

Altes Testament

Bergpredigt
Hiob 27,20-21
Prediger 1,2-6; 2,1.11.7-23; 3,19; 4,4.7-8
Weisheit 5,14

Neues Testament

Matthäus 4,23-25
Matthäus 11,7
Johannes 3.7-8

Gott zeigt sich im Wind

Brausen vom Himmel wie ein gewaltiger Sturm.

Altes Testament

1. Könige 19,11-13
Psalm 29
Psalm 18,11

Neues Testament

Apostelgeschichte 2,2

Bildbetrachtung über Wetter – Wolken – Sonne

Kees de Koort, Jesus und der Sturm, aus: Was uns die Bibel erzählt, Deutsche Bibelgesellschaft, Stuttgart 1983.
Sachbilderbuch, Vom ersten Wissen, von Bertha Morris Parker, Otto Maier Verlag, Ravensburg, 11. Auflage 1972.
Sr. Charis Schmitt, Wind und Luft, aus: Der Sonnengesang des Hl. Franziskus (Bildmappe) RPA-Verlag, Landshut 1983.

Baum

»Bis morgen im Blätterhaus!«, verabschiedete sich Thomas von seinem Freund Arne. Die beiden Freunde hüten ihr Geheimnis von der kleinen Trauerbirke im hinteren Teil des Spielplatzes. Richtig entdeckt haben sie den Baum, als sie beim Schaukeln vom Regen überrascht wurden und schnell unter den hängenden Zweigen Schutz suchten. Seitdem treffen sie sich hier so oft wie möglich und fühlen sich unter dem Blätterdach vor der heißen Sonne, aber auch vor Nieselregen sicher. Niemand kann sie hier beobachten oder belauschen, ohne dass sie es merken würden. »Wo treffen wir uns im Herbst, wenn der Baum keine Blätter mehr hat?«, fragt Thomas besorgt eines Tages seinen Freund.

Ein solcher Baum ist voller Leben. Nicht nur den beiden Freunden, sondern auch vielen Tieren dient er als Wohnung. In den Spalten und Runzeln seiner Rinde laufen Ameisen auf und ab, weil sie dort überall Nahrung finden, und zwischen den Ästen hat eine Spinne ihr Netz gespannt, um darin Fliegen zu fangen. Nachtfalter verschlafen dort den Tag, und wer sie finden will, muss mit scharfem Auge hinschauen, weil sie die gleiche Farbe haben wie die Rinde. Vögel finden in den Ästen Platz für ihre Nester, wo sie ihre Jungen aufziehen können.

Unsere Laubbäume verlieren im Winter ihre Blätter, sodass sie aussehen, als wären sie abgestorben. Wenn jedoch im Frühjahr die Bäume wieder ausschlagen und blühen, ist das ein Zeichen dafür, dass aus starrem Tod neues Leben erwächst.

Von einer ganz ähnlichen Erfahrung spricht das Alte Testament, wenn es einen Menschen, dem Gott nahe ist, so beschreibt: »Er ist wie ein Baum, gepflanzt an den Wasserbächen, der seine Frucht bringt zu seiner Zeit, und seine Blätter verwelken nicht, und was er macht, das gerät wohl« (Psalm 1, 3).

In einem Garten steht ein Baum, der ist im Frühjahr nur noch ganz kümmerlich ausgeschlagen, die meisten Äste sind jetzt schon verdorrt. Das war für den Besitzer des Gartens ein Zeichen, dass er einen neuen Baum pflanzen muss; denn auch die Kinder und Enkel sollen wieder Äpfel ernten, und es dauert lange, bis ein Baum die ersten Früchte trägt. Den alten Baum aber hat er ausnahmsweise nicht abgesägt, sondern stehen lassen, weil er gesehen hat, dass eine Familie von Spechten eine Nisthöhle darin gebaut hat. Der Baum dient ihnen nicht nur als eine sichere Wohnung, sondern auch als Nahrungsquelle, denn viele Käferlarven haben sich dort eingefunden und leben von dem, was sie in der Fäulnis seiner alten Äste finden. »Denen wollen wir noch eine Zeit Nahrung und Wohnung bieten, darum bleibt der Baum stehen, bis der Sturm ihn umwirft«, hat der Besitzer des Gartens gesagt. Und er hat Recht damit; denn nirgendwo kann man so deutlich sehen, wie das Sterben dem Leben dient und aus dem, was tot ist, neues Leben wächst.

Vom Erleben zum Verstehen des Symbols

Der Baum ist das Symbol des Lebens. Aus den Elementen schöpft er seine Lebenskraft und wird zum Gebenden. Das Lebensbild des Baumes gleicht dem des menschlichen Lebens, das von Gott her nimmt und an andere weitergibt.
Seine Wurzeln verankert er im Boden und lebt vom Wasser und der Kraft der Erde, für uns verborgen. *Worin bin ich verwurzelt?* Sein Stamm trägt, stützt und verbindet. *Wer gibt meinem Leben Halt?* Er leitet die Lebenskraft, die ihm aus der Tiefe geschenkt wird, nach oben. Seine Baumkrone streckt sich dem Himmel entgegen, nimmt Licht und Wärme aus der Höhe auf, um Blüten zu entfalten und Früchte reifen zu lassen.
Wonach strecke ich mich aus?
Im Bild des Baumes finde ich meine eigenen Erfahrungen wieder. Kulturübergreifend wird es im breiten Spektrum des Lebensbaumes ausgedrückt.

Teil 1

Wahrnehmung sensibilisieren

Wer vom Symbol des Baumes sprechen will, muss ihm begegnen, ihn erfahren. Bäume werden für uns bedeutsam und bereichern unser Leben, wenn wir sie nicht nur als Objekt zur Erhaltung unseres Lebens sehen, sondern neugierig werden auf sie. Schauen und Betrachten brauchen Zeit, lassen uns staunen. Unmittelbar spüren wir die Wirkung des Baumes auf uns zu den unterschiedlichen Tageszeiten. Kein anderes Lebewesen spiegelt den Kreislauf des Jahres wider wie der Baum. Wir begleiten ihn dabei und nehmen die Eindrücke mit allen Sinnen auf. Er kann uns zum Freund werden.

Vielen ist der Brauch bekannt, zur Geburt des Kindes ein Bäumchen zu pflanzen. Die Lebensgemeinschaft von Baum und Kind wird damit magisch verbunden. Zu Weihnachten »präsentieren« Eltern ihrem Kleinkind zum ersten Mal den Baum, auch als Symbol, in vielen Fällen dessen unbewusst. Der Eindruck vom geschmückten Christbaum lässt noch im hohen Alter die Erinnerung daran lebendig werden. Wichtige Baumerfahrungen macht das Kind, wenn die Möglichkeit des sinnlichen Kennenlernens geschaffen wird. Baum-Erfahrungen sind Menschen-Erfahrungen. Wer den Baum verstehen lernt, wird auch sich verstehen.

Baumerfahrungen in der Natur

Der Baum als Freund

ein Baum kann viel geben

■ Auf unserem Gemeindegrundstück gibt es viele Bäume mit den unterschiedlichsten Formen und Größen. Wir schauen sie gemeinsam an.

- Manche Kinder kennen die Namen der Bäume.
- Wir vergleichen ihre Gestalt und die Beschaffenheit der Baumkronen.
- Wir betrachten die Form der Blätter und fühlen ihre unterschiedliche Blattseiten.
- Wir stellen uns nah an den Baum, umarmen ihn und horchen in ihn hinein.
- Dabei riechen und betasten wir die Rinde.

Den Stamm der alten Pappel können gerade drei Kinder umfangen.
Wir erzählen uns kleine Erlebnisse zu den Bäumen: Karen erzählt, dass sie bei Regen auf dem Weg zum Parkplatz von einem Baum zum anderen läuft, um nicht nass zu werden. Thomas freut sich schon auf den Herbst, weil er von den unteren Zweigen der beiden Ahornbäume wieder »Nasenzwicker« (Samen) pflücken will. Andere Kinder erzählen, dass sie nach dem Gottesdienst um die Bäume vor der Kirche »Fangen« spielen oder sich in ihren Schatten setzen, während die Erwachsenen solange plaudern. Seit das kleine Mandelbäumchen vor Pastors Küchenfenster so kräftig blühte, wünscht Jana sich eins zum Geburtstag. Neben dem Kindergarten-Eingang werfen wir noch einen Blick auf unsere buschige dunkle Eibe. In der Sommerzeit wird sie kaum beachtet, doch in der Advents- und Weihnachtszeit sind wir dankbar für ihre immergrünen Zweige als Raumschmuck.
Die Lieblingsbäume der Kinder aber sind der ausladende Apfelbaum mitten auf der Spielwiese, unter dem es sich so gut frühstücken und Geschichten erzählen lässt, der außerdem die besten Äpfel hat, und der riesige Haselstrauch in der Gartenecke. Seine Äste laden zum Klettern ein. Unter seinem dichten Blätterdach bleiben die vielen Rollenspiele und Abenteuer der Kinder im Verborgenen.

Wichtige Erfahrungen der Kinder:

- Das Kind kann die Bäume und ihre Merkmale benennen.
- Im unmittelbaren Begegnen lernt es den Baum mit Staunen und Ehrfurcht kennen.
- Es spürt die Wirkung des Baumes als Gebenden.
- Alle Sinne werden angesprochen und können sich entfalten.

Ausflug in den Wald

Rücksichtsvolles Verhalten im Wald setzt Einsicht voraus. Die Landesforstverwaltungen stellen deshalb Aufklärungsarbeit in den Mittelpunkt ihrer Arbeit und bieten Führungen an. Dieses Angebot wollen wir wahrnehmen, nachdem die Kinder »ihren« Wald selbst entdeckt haben.

■ Mit dem Linienbus fahren wir zum Stadtrand und befinden uns nach kurzer Wegstrecke im Mischwald. Ausgerüstet mit festem Schuhwerk, Minirucksack, Sammelkorb, Triangel, Maßband und Lupen, tauchen wir in die Wunderwelt des Waldes ein.

wir entdecken den Wald

Fast jeder atmet erst einmal tief die frische kühle Waldluft ein und horcht in die Stille. Neben dem leisen Rauschen der Laubbäume ist nur Vogelgezwitscher zu hören. Einige Kinder gehen erst vorsichtig über den unebenen Waldboden, testen Moospolster auf ihre Weichheit und trauen sich nur zaghaft ins Unterholz.
Als sie aber Himbeersträucher mit reifen Beeren entdecken, sind sie stolz auf ihren Fund und rufen die anderen. Wir hatten abgesprochen, dass Beeren nur nach vorheriger Bestimmung gepflückt und gegessen werden dürfen. Da fragt Hannes, ob auch Tiere Himbeeren mögen? Alle sind davon überzeugt.
Seine Frage weckt bei den Kindern das Interesse, nach Tieren und ihrer Nahrungsquelle Ausschau zu halten. Vorsichtig schwärmen sie aus und winken andere heran, wenn sie fündig wurden. Wem wohl der Höhleneingang an der Baumwurzel gehört?

der Baum gibt Schutz und Nahrung

Wie vielen Tieren gibt die große Fichte noch Schutz, Unterschlupf und Nahrung? Angenagte Fichtenzapfen am Boden deuten auf Eichhörnchen hin und die sauber abgenagten Zapfenspindeln wurden von Waldmäusen hinterlassen, deren Schlupflöcher wir an den Baumwurzeln entdecken. Welche Tiere wohl noch im Wurzelwerk der Fichte wohnen? Beim Weiterwandern finden die zahlreichen Ameisenhügel großes Interesse bei den Kindern.
Sie staunen über die klugen Tiere, die ihre Hügel an der Südseite der Bäume so anlegen, dass sie vom Regen geschützt und von der Sonne beschienen werden. Dabei bemerken die Kinder die moosbewachsene Nordseite der Bäume, befühlen sie und entdecken Spinnen und Käfer. Wie gut, dass wir Lupen mithaben! Wenn wir am Stamm hochschauen, so

er kann krank werden

fallen uns bei manchen Baumkronen Verlichtungen auf. Wodurch wurde der Baum krank? Kann er wieder gesund werden? Nach einem schmalen Weg durch dichtes Unterholz mit hohen Farnen, großen, fast unsichtbaren Spinnennetzen, tut sich vor uns eine Waldlichtung auf. Ein idealer Platz für die Frühstückspause!

er spendet Schatten

Auf der Wiese im Halbschatten einer Birkengruppe wird das gemeinsame Essen zum Genuss!

In einem gemeinsamen Gebet danken wir Gott für die Schönheit der Natur und bitten um die Einsicht der Menschen, den Wald für alle Lebewesen zu erhalten. Jedes Kind kann für sein Walderlebnis danken. Beim Essen hören wir ein Vogelkonzert, als wäre es für uns bestellt. Die kleinen Sänger aber entdecken wir kaum. Die Frühstücksgemeinschaft löst sich langsam auf und die Kinder begeben sich in unmittelbarer Umgebung auf Entdeckungsreise.

der Spross gibt Hoffnung

An einem verwitterten Baumstumpf haben sich dunkle Moose und harte Baumschwämme angesiedelt. Aus dem scheinbar toten Holz treibt seitlich ein Sprössling und beflügelt die Phantasie der Kinder um die Zukunft des kleinen Sprösslings, der aus der Kraftreserve des alten Holzes schöpft.
Ein vom Sturm entwurzelter Baum fordert heraus zum Klettern, Balancieren, Hinaufhangeln, Abrutschen.

Wir messen seinen Wurzelteller aus und wundern uns, dass er bei seiner Größe dem Sturm nicht standhalten konnte. Dieses Erlebnis motiviert die Kinder, nach dickeren Stämmen Ausschau zu halten und sie zu vermessen. Wer führt uns zum dicksten Stamm und kann den Baum benennen?

jeder entdeckt kleine Schätze

Jeder darf für ihn interessante Naturschätze sammeln. Dann ruft der Triangelton alle zurück. Die gesammelten Gegenstände werden gezeigt, besprochen, erfühlt und in gekennzeichneten Papiertüten (vom Obsthändler) mitgenommen.
Beim Verlassen des Rastplatzes vergewissern wir uns, dass keine Abfälle zurückbleiben. Bevor wir den Wald verlassen, setzen wir uns um eine hohe Tanne.

Stilleübung: Als Steinpilz im Wald

■ Wir schließen die Augen und atmen tief die würzige Luft ein. Wir nehmen die Waldgeräusche in uns auf. Der Waldboden ist warm und weich, nur die Tannennadeln pieksen manchmal.
Als Steinpilze wachsen wir unter der Tanne, strecken unsere feinen Wurzeln in die Erde, sind durch ein weites Flechtwerk miteinander verbunden. Wir fühlen uns hier wohl, wenn nicht die Tannennadeln wären, die unsere feine Pilzhaut stechen und verletzen.
»Musst du uns immer mit deinen Nadeln bewerfen?«, fragen wir die hohe Tanne. »In Abständen muss ich meine alten Nadeln abwerfen und sie zerfallen bald zu Erde«, antwortet die Tanne, »aber ihr könnt woanders wachsen, vielleicht am Sandweg, wo der Fliegenpilz steht«.
Das wollen wir Steinpilze auf keinen Fall, denn nur im weichen, feuchten Waldboden unter Bäumen können wir gedeihen. Der gute Boden nährt uns, wir wachsen.
Nun recken und strecken wir uns und auf den Triangelton öffnen wir die Augen.

Wichtige Erfahrungen der Kinder:

- Sie erfahren den Wald als Ort der Erholung.
- Sie können ihren Bewegungsdrang ausleben.
- Sie werden in ihrer Motorik und Psychomotorik gestärkt.
- Sie lernen, Naturmaterialien zu benennen und mit ihnen umzugehen.
- Ihre Fantasie und Kreativität wird dabei gefördert.
- Sie erleben, wie der Wald den Lebensraum von Pflanzen- und Tierarten sichert.
- Ihr Naturbewusstsein wird ausgebildet.
- Sie lernen, verantwortlich mit Gottes Gaben umzugehen.

Anmerkung: Den Baumerfahrungen in der Natur wird so viel Platz eingeräumt, weil das Kind, vor allem das Stadtkind, im unmittelbaren sinnlichen Erleben der Natur den Baum in seiner Vielfalt und Ausdruckskraft nachhaltig in sich aufnehmen kann als einen Freund für's Leben.

Baumerfahrungen im Raum

»Schätze« aus dem Wald

Vom Waldausflug brachten wir Naturmaterial mit. Wir sitzen um ein großes Tuch am Boden. Ein Kind nach dem anderen breitet seine gesammelten Gegenstände vor sich aus, zeigt sie, erzählt darüber (vielleicht weiß es noch den Fundort), lässt sie befühlen und mit der Lupe betrachten. Jeder hat dafür ausreichend Zeit.

betrachten und staunen

Möglicherweise entwickelt sich aus der Vielfalt der Dinge eine Geschichte, wie z.B. dass die harte Eichenrinde schon lange mal das weiche Moos oder die leichte Feder fühlen wollte – nun begegnen sie einander.

Jedes Kind nimmt einen Gegenstand als persönlichen Schatz mit nach Hause und aus den restlichen Tannenzapfen, Stöckchen, Schneckenhäuschen, Blättern, Baumpilzen, Moos, Wurzelstücken, Rinden, Federn usw. legen wir auf dem Tuch ein Fantasiebild. – In den kommenden Tagen lässt sich das Bild immer wieder umgestalten.

Tastbox

- Wir tasten und erraten Naturmaterial aus dem Wald.

Material:

6 Schuhkartons mit 2 Löchern für die Hände, im Karton jeweils 2 verschiedene Gegenstände.

So wird's gemacht:

was fühle ich?

Die Kinder fühlen im ersten Karton Rinde/Moos, im zweiten Tannenzapfen/Bucheckern, dann Blätterzweig/Nadelzweig, im vierten Nest/Eier und im letzten Fell/Federn. Beim Tasten benennt das Kind die Eigenschaften und den Namen des Gegenstandes. Nach dem Waldausflug ist es für die Kinder eine sinnliche Vertiefung ihrer gemachten Erfahrungen.

Gebt dem kleinen Kind einen dürren Zweig, es wird mit seiner Phantasie Rosen daraus sprießen lassen.
Jean Paul

Baum im Zimmer

Im Gemeindegarten stand ein alter knorriger Birnbaum, der schon seit zwei Jahren kein Leben zeigte. Unserem Hausmeister tat es Leid, ihn zu fällen und er wartete ein weiteres Jahr. Schmunzelnd zogen wir Parallelen zum Lukas-Evangelium 13, in dem der Gärtner Mitleid hatte mit dem Feigenbaum ohne Früchte und ihn nicht fällen wollte.
Bei einem Unwetter brach der Hauptast des Birnbaumes ab, worauf er gefällt wurde.

der Baum wird Mittelpunkt

- Diesen Ast hatten wir für 3 Jahre in unserem Kindergarten. Er reichte vom Boden bis zur Decke und verlieh dem Raum eine besondere Atmosphäre. Den Jahreszeiten entsprechend schmückten wir ihn mit Blättern, Blüten und Früchten; In seinen Zweigen wohnten Tiere aus Ton, Papier oder Wolle, auch zwei echte Vogelnester legten wir auf seine Äste. Sieht er im Osterschmuck nicht schön aus?

Teil 2

Erfahrungen von der Wirklichkeitsebene auf die Symbolebene übertragen

Gespräche – Rätsel

Sommerzeit, Winterzeit
immergrün, ist sein Kleid

(Tannenbaum)

Gespräche in der Gruppe über Baumerfahrungen

- Baum-Eindrücke, die das Kind gewonnen hat, lassen sich im Gespräch gut ausdrücken. Der andere kann darauf reagieren und seine Gedanken daran setzen. Beim Verbalisieren verrät das Kind außerdem durch Gestik und Mimik viel von seiner inneren Bewegung. Beim ruhigen Hin- und Zuhören übt sich der Andere nicht nur im sozialen Verhalten, sondern erhält viele Impulse und Sichtweisen für sein Bild von der Natur, vom Menschen und letztlich von Gott. Erzählungen, vor allem aus dem alten Testament, sprechen in anschaulichen Bildern über den Baum als Teil der Schöpfung, als Kultort und als Symbol. (siehe S. 47, 54 und 58)

sich austauschen

Möglichkeiten für den Gesprächseinstieg:

was hat der Ast erlebt

was erzählt der Baum

- Wir sitzen um einen großen alten Apfelbaumast oder einen ähnlichen, betrachten ihn genau und beschreiben ihn. Wir lassen ihn von seinen Erinnerungen berichten und wie es dazu kam, dass er vom Stamm abbrach. War ein Sturm die Ursache? Brach sein Ast unter der Last der Früchte? Eigene Erlebnisse fließen dabei meist mit ein.
- Die Kinder suchen aus einem Angebot von Baum-Abbildungen eines aus und betrachten es.

Dann erzählen sie als »Bäume« von ihrer Herkunft, ihren Erlebnissen und Erfahrungen.

Ideenbörse Baum

wir sammeln

- Bei der Vorbereitung im Team oder der eigenen kann mit dem Sammeln von Redewendungen begonnen werden. Den Kindern sind sie noch nicht so geläufig, es macht aber Spaß, sie mit ihnen zu deuten. Sie werden auf Blattformen unterschiedlicher Grüntöne geschrieben und an den Ast im Raum oder einen gemalten Baum gehängt.

In der Gruppe ergänzen wir mit den Kindern unsere Sammlung und schreiben alle Einfälle zum Baumthema in gleicher Weise auf.

was man vom Baum spricht

Er steht fest wie eine Eiche – Bäume wachsen nicht in den Himmel – der Apfel fällt nicht weit vom Stamm – den Wald vor lauter Bäumen nicht sehen – woher einer stammt – ein entwurzelter Mensch – Abstammung – Stammbaum – Familienstammbuch – Stammhalter – Baumstamm – Volksstamm – Maibaum – Christbaum – entblättern – Sprössling ...

Geschichten

Seit frühester Zeit wird die Symbolkraft des Baumes in Geschichten ausgedrückt. In den Mythen und Märchen der Völker, im Weltenbaum als Bild des Kosmos, im Lebensbaum, Festbaum und letztlich im Baum der Erkenntnis und Erlösung. Wir identifizieren uns mit dem Baum und finden in der bildhaften Sprache unsere Erfahrungen wieder, Sehnsüchte und Hoffnungen, Gefahren und Verletzungen. Die Geschichten werden uns bei dieser Auseinandersetzung helfen, sie können trösten oder treffen.
Eine Fülle von biblischen Aussagen zum Baum ist im Literaturverzeichnis (siehe S. 58) zu finden. Vor allem in was+wie geben Beispiele aus der Praxis hilfreiche Impulse.

Die Geschichte vom Apfelbäumchen

Ein alter Mann, dem jeder Schritt schon Mühe machte, wollte noch ein Apfelbäumchen pflanzen. Das Graben fiel ihm schwer, immer wieder musste er eine Pause einlegen. Da kamen Kinder vorbei, die ihm zusahen und fragten: »Was machst du da?« Der alte Mann antwortete: »Ich pflanze ein Apfelbäumchen« und zeigte ihnen den kleinen Setzling. Da lachten die Kinder: »Das soll einmal ein Baum werden, so winzig klein wie der jetzt ist? Wann wird er denn seine ersten Äpfel tragen?« Der Mann sagte: »Das wird einige Jahre dauern.« Darauf meinten die Kinder: »Einige Jahre? Dann bist du ja vielleicht schon tot und machst dir noch so große Mühe?« Der Mann antwortete: »Dann werden sich die anderen freuen, dass ich diesen Baum noch gepflanzt habe.«

der Baum kann Generationen überleben

Klagepsalm eines Straßenbaumes

Gott, ich kann nicht mehr, eine halbe Seite von mir ist schon abgestorben. Bald ist es ganz aus mit mir. Im letzten heißen Sommer kamen zum Glück immer wieder Kinder und einmal auch die Feuerwehr, um mir Wasser zu bringen. Aber am meisten leide ich unter der verschmutzten Luft. Die großen Lastwagen lassen mich fast ersticken. Neben mir sind andere Bäume schon gestorben, soll es mit mir AUCH bald zu Ende sein? So gern habe ich zwischen den grauen Häusern den Menschen etwas Grünes geschenkt. Als ich jung war, da haben sogar Vögel in mir genistet, aber jetzt ist alles so trostlos. Aber noch habe ich etwas Kraft, zu dir, Gott, zu rufen: du kannst mein Schicksal wenden. Gib den Menschen Vernunft, sie brauchen doch auch klare Luft! Gott, wie will ich neu grünen, wenn alles Leiden noch rechtzeitig ein Ende hat. Gib, dass die Menschen merken, wie wichtig wir Bäume sind. Du willst doch nicht, dass alles abstirbt hier. Ja Gott, du kannst meine Bitte hören ... *aus wastwie 2/95*

er ist Gottes Geschöpf

■ Der Klage des Baumes setzen wir *Hoffnung* entgegen: Bevor der Psalm vorgelesen wird, reißen wir Streifen aus dunklem Tonpapier und legen einen Baum. Nach dem Vorlesen umrahmen wir den Baum mit einem hellen Band als Zeichen dafür, dass er in Gottes Schöpfung seinen Platz hat.
Wie können wir ihm diesen Platz erhalten?

der Baum lebt

Bilder

Betrachten wir Bilder vom Baum und lassen sie auf uns wirken, so vermitteln sie uns mehr als nur das vordergründig Sichtbare. Wir sehen in sie hinein und sehen dabei auch in uns hinein. Dafür brauchen wir Zeit und Ruhe. »Bilder sind das Auftauchen an einem anderen Ort«, sagte Franz Marc einmal. Sie können uns zum Staunen über Gottes Schöpfung bringen, uns zu Einsichten verhelfen, sodass wir mit neuem Verständnis in biblische Texte einsteigen. Von ihnen können Impulse ausgehen, die unsere Fantasie und Kreativität anregen.

Bäume sprechen in Bildern

■ Zwei Bilder von einem verdorrenden und einem grünenden Baum sind Beispiele für Motive mit gegensätzlichen Aussagen. Wir sammeln die Eindrücke und unterschiedlichen Sichtweisen der Kinder, gehen auf sie ein und vertiefen sie im gemeinsamen Gespräch.

und stirbt für den Menschen

Die Bibel spricht in Bildern

Bildmeditationen mit Dias.

mein Bild vom Baum

■ Im leicht abgedunkelten Raum kommt das Kind zur Ruhe und kann das Dia auf sich wirken lassen. Das Bild beherrscht den Raum, alles Störende tritt in den Hintergrund. Nach einer Phase des stillen Betrachtens wird der Bibeltext vorgelesen. – Wir schließen die Augen und lassen das Dia zu einem inneren Bild werden. Wir öffnen sie und vergleichen es mit dem auf der Leinwand.

Zur Auseinandersetzung und Vertiefung des Bild-Textes eignen sich viele Gestaltungsmöglichkeiten wie Malen, Musik ,Tanz.

■ *Dia:* Obstbaum voller Früchte
Matthäus 7,16-20 *An den Früchten werdet ihr sie erkennen.*

■ *Dia:* Üppiger Baum am Wasser
Jeremia 17,7-8 *Ein Baum, der am Wasser gepflanzt ist.*

■ *Dia:* große Zeder
Ezechiel 17,22 u. 23 *In der Wüste pflanze ich Zedern.*
Jesaja 41,19 u. 20

■ *Dia: Baumstumpf mit jungem Sprössling vom Stamm Jesajas.* Jesaja 11 u. 6,13.

Lebensgemeinschaft Wald

Der globale Informationsumfang kann für das Team oder für sich selbst Einstieg und Hilfe in der Vorbereitung bedeuten.

der Wald erhält Leben

■ Nachdem Erzieher/innen und Kinder den Wald erlebten, betrachten wir den (vergrößerten) Kreis oder ein ähnliches Waldbild. Schrittweise arbeiten wir den Ablauf vom Nehmen und Geben des Baumes heraus. Dabei beziehen wir die Kinder sensibel in die Verantwortung mit ein, das Öko-System zu erhalten.

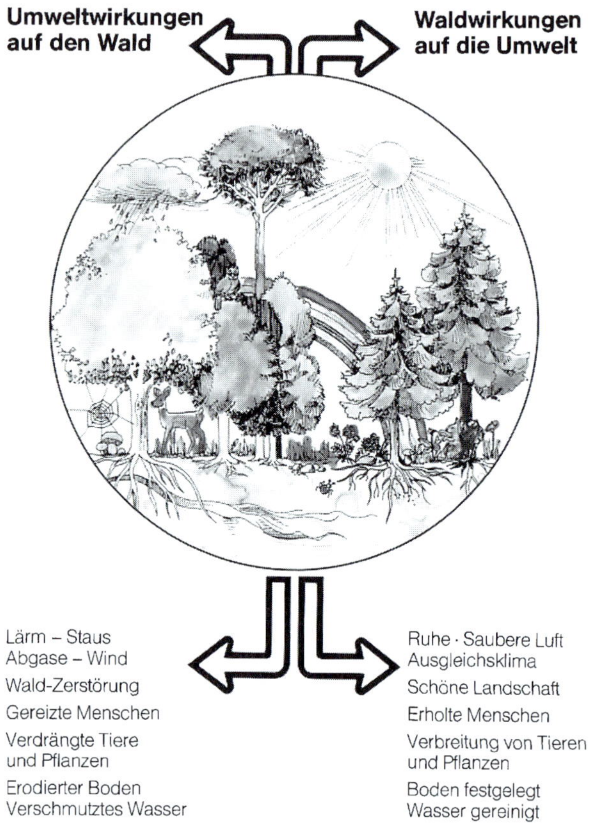

wir erhalten ihn

■ Für einen hoffnungsvollen Abschluß eignen sich Lieder, die den Baum als Gebenden besingen oder auch ein Gebet.

Lieder – Tänze – Musik

Baummusik ist meist ruhig und getragen, so wie sich das Wachstum des Baumes in Stille und regelmäßigen Phasen vollzieht. Nur Einflüsse von außen wie Wind und Sturm bringen Bewegung in die Musik. Wir finden im Lied über den Baum unsere eigenen Erfahrungen wieder wie Hoffnung, Freude, Bangen, Beständigkeit, auch Staunen und Dank. So lässt sich anschaulich eine Wechselbeziehung zu biblischen Aussagen nachvollziehen.

In einem Baum

2. Kleine Spinnen, große Spinnen,
Käfer in der Rinde drinnen,
alle wohnen hier, alle wohnen hier.

3. Eichhörnchen und kleine Maus
haben hier ihr großes Haus,
alle wohnen hier, alle wohnen hier.

4. Gott, der schuf so manch' Getier
seiner Welt zur großen Zier,
alle wohnen hier, alle wohnen hier.

Text und Musik: Wolfgang Longardt

■ Jede Strophe kann ein anderes Instrument begleiten wie: Xylophon, Triangel, Rassel, Glockenspiel, alle Instrumente bei der letzten Strophe.

Spielmöglichkeit:
■ Die Kinder hocken auf dem Boden, den Kopf zwischen die Knie gelegt. In dieser Haltung verharren sie während der ersten Strophe. Bei den nächsten Strophen wachsen sie langsam, strecken die Arme aus, schauen zum Licht und bewegen sich leicht wie im Wind. Bei der ersten Strophe bilden die Hände eine Schale. Die Kinder treten langsam zur Mitte, sodass sich die Hände berühren. Dann lassen sie die Hände sinken, haken ihren Nachbarn ein und tanzen mit ihm, während die letzte Strophe nochmals gesungen wird.

Die Wurzel (Kanon)

■ Zum Text von Jesaja 11,1 kann es ergänzend als Lied oder Kanon gesungen werden.
■ Zur Begleitung von Lied und Kanon eignen sich in den ersten vier Takten Klangstäbe, in den weiteren vier Takten Triangeln. Im Kanon gesungen ergibt die Begleitung ein gutes Klangbild.
■ Zu Weihnachten kann das Weihnachtsgeschehen in eine alte Baumwurzel hineingebaut werden. Hierher kommen die Hirten, um das Kind aus dem Stamm Davids zu sehen.

Malen – Basteln – Gestalten

Einen Baum malen, bedeutet für ein Kind oft, sich selbst malen. Seine Befindlichkeit, aber auch Sehnsüchte und Wünsche drücken sich im Bild oder Gestalten aus. Das Kind teilt im Bild mit, was es weiß, nicht was es sieht. Kann es seine Baum-Erfahrungen in der Bildsprache ausdrücken, so versteht es auch die Bildsprache der Bibel und ihre Symboldeutung.

Mein Baum in der Allee

Wer sagt, daß eine Allee aus gleichen Bäumen bestehen muß? Wir wollen im Kindergarten-Flur eine Allee aus unseren Lieblingsbäumen gestalten. Ob die Bäume beidseitig stehen können und wie lang und hoch die Reihe sein wird, hängt von den Räumlichkeiten ab.

mein Bild vom Baum

■ Vor dem Malen schließen wir die Augen und jeder stellt sich seinen Lieblingsbaum vor. Wir sehen seine Gestalt, seine Veränderung in den Jahreszeiten und lassen jedes dieser Bilder in uns wirken. Welche Tiere wohnen bei ihm? Wir öffnen die Augen und malen den Baum.

Material:
Breite Tapetenrolle – Farbe – Wasser – Pinsel (weiteres Material je nach Gestaltung).

So wird's gemacht:

■ Auf einer vorher abgemessenen Tapetenrückseite entsteht ein Nadel- oder Laubbaum. Ist er dann in die Allee eingereiht, so »begrüßt« er jeden Morgen »seinen Freund«. Er kann uns durchs ganze Jahr begleiten und bekommt je nach Jahreszeit Blätter, Blüten, Früchte und auch Tiere.

mein Baum begleitet mich

Zu verschiedenen Anlässen wie Geburtstag, Verabschiedung, Geburt eines Geschwisterchens, Erntedank etc. können die Blätter mit Dank oder Wünschen beschriftet werden.
In unserer Allee lässt es sich gut singen, tanzen, spielen, beten und Geschichten erzählen.
(Praktische Anregung zu einem ähnlichen Beispiel finden Sie in *Wastwie* Heft 3/96)

Bilder malen von Bäumen

Material:

Papier – Stifte und Farben – Pinsel – Wasser.

Zum Malen eignen sich folgende Themen:

Phantasiebaum – blühende Bäume oder Zweige – Baum am Wasser (Jer 17,7-8) – Obstbäume vor der Ernte (Mt 7,16-20) – Lebensbaum im Paradies (1. Mose 2)

der Baum hat viel zu sagen

großer Senfbaum als Gemeinschaftsarbeit (Mt 13,31-32) – bunter Herbstwald – Weihnachtsbaum – Wurzelstock mit Sprössling (Jes 11,1).

■ Beim Betrachten der fertigen Bilder können die Eindrücke vertieft werden durch leise Musik, gemeinsames Gebet oder passende Lieder.

Rubbeltechnik

Material:

Papier – Wachskreide in Blockform – Stifte – Baumrinde – Blätter.

So wird's gemacht:

wachsen hinterlässt Spuren

■ Das Papier wird am ***Baum*** ausgelegt. Mit Stift (schräg gehalten) oder Wachskreide wird so darübergerubbelt, bis sich die Rinde abzeichnet. So lassen sich auch die Jahresringe der ***Baumscheibe*** und verschiedene ***Blattformen*** mit Adern (Blattunterseite nach oben) gut herausarbeiten. Diese Technik ist schon für kleinere Kinder erfolgreich.

Früchte unserer Arbeit

sich auf Ziele besinnen

Dem Kindergarten ist es ein Anliegen, seine Erziehungsziele den »neuen« Eltern transparent zu machen. Doch auch die Erwartungen der Eltern sollten sich mit diesen Zielen decken.

■ Beim Informations-Elternabend könnte folgende Darstellung Einblick geben:
Auf der Collage eines Apfelbaumes (ohne Früchte) steht auf jedem Ast ein Erziehungsziel geschrieben. Jedes Elternteil bekommt 3 Äpfel aus Tonpapier und kann darauf seine Wünsche und Erwartungen schreiben. Sie werden eingesammelt, laut vorgelesen und je nach Aussage an die passenden Äste geklebt. Dieses »Sichtprotokoll« ermöglicht Eltern und Erziehern einen intensiven Gesprächsaustausch über die zukünftige Arbeit.

Spiele

Kinder vergessen sich im Spiel. Je mehr das Kind gelernt hat, seine Sinne einzusetzen, umso größer ist seine Kraft zum Ausdruck. Sich in der Körpersprache auszudrücken, sich wie ein Baum zu strecken und im Wind zu wiegen, macht ihm ebenso viel Spaß, wie im Darstellungsspiel mit Medien umzugehen, z.B. einer Schattenfigur. In jedem Fall wird sich das Kind selbst einbringen, Probleme verarbeiten und Erkenntnisse gewinnen. Im Spiel müssen Inhalte nicht erklärt werden, das eigene Handeln macht sie dem Kind vorstellbar.

Wurzel, Stamm, Äste

wo Tiere wohnen

■ Die Kinder sitzen im Kreis. Ein Kind wirft einem anderen einen Ball zu und ruft dabei: ***Wurzel***. Das andere Kind fängt den Ball und nennt ein Tier, das unter der Baumwurzel lebt, wie Waldmaus oder Fuchs. Beim Wort ***Stamm*** fallen den Kindern sicher Käfer oder Spinnen ein und bei **Ast** Eichhörnchen oder verschiedene Vogelarten. Jedes Tier darf nur einmal genannt werden. Bei doppelter Namensnennung wird ein Pfand abgegeben.

Schattenspiel: Das Apfelbäumchen

Die Geschichte vom Apfelbäumchen (siehe S. 52) wird vorgelesen und als Schattenspiel dargestellt.

Material:

Tageslichtprojektor – Leinwand oder helle Wand – Zeichenpapier – Klebstoff.

So wird's gemacht

■ Aus Zeichenpapier werden die Figuren in einer Größe gerissen, die auf die Arbeitsfläche des Projektors abgestimmt ist. An jede Figur wird unten ein Kartonstreifen als Führungsstab geklebt. Farbiges Transparentpapier oder bemalte Folie wirken als Kulisse sehr ausdrucksvoll. Kindergartenkinder können mit dem Tageslichtprojektor leicht Schattenspiele gestalten, da die Figuren nur langsam hin- und hergeschoben werden. Das Lied »Wachse, kleiner Baum« (siehe S. 54) mit Orff-Instrumenten rundet die Geschichte ab und könnte in dieser Form zum Erntedank im Kindergarten oder in der Kirche wirkungsvoll eingesetzt werden.

Bewegungsspiel: Der Baum

ich fühle wie der Baum

■ Während die Geschichte erzählt wird, imaginieren die Kinder ein junges Bäumchen und setzen ihre Vorstellung in Bewegung um.

»Vor einigen Wochen pflanzte der Vater ein junges Bäumchen in den Garten. Seine zarten Wurzeln suchen Halt und graben sich tiefer in die Erde. An manchen Tagen zerrt der Wind an den dünnen Ästen und Wolken schieben sich vor die Sonne. Das Bäumchen ist froh, am Stützpfahl Halt zu finden und lehnt sich fest daran. Wenn die Sonne scheint, streckt der kleine Baum ihr seine Äste entgegen und freut sich über den Wind, der mit den Blättern spielt und dabei leise säuselt. Die Jahre vergehen. Der Vater hat längst den Stützpfahl weggenommen. Der Baum ist nun fest verwurzelt und zieht Wasser und Nahrung aus dem Boden. Weit spannt er seine Äste aus, um den Menschen Schatten zu spenden und vielen Tieren eine Wohnung zu geben. Abends, wenn es dunkel wird und nur noch die Eule in seinen Ästen Wache hält , ist der Baum dankbar für den erlebten Tag und beginnt zu träumen«

■ Leise summen wir zum Abschluss unseres Spieles »Wir singen alle Hallelu ... Halleluja«

Gemeinde einbeziehen

Gemeindegottesdienst »Leben in wachsenden Ringen«

Der Impuls, unter dieser Thematik einen Gemeindegottesdienst zu gestalten, kam aus dem Kindergarten. Dort hatte jedes Kind aus einer kleinen Baumscheibe mit so viel Ringen, wie das Kind alt ist, einen Anhänger gebastelt und zeigte jedem darauf seine Lebensjahre.

Thematik der Feier

Leben aus der Mitte gibt Vertrauen und Kraft

Den Jahresringen eines Baumes sind unsere Lebenskreise sehr ähnlich. In der Mitte hat das Leben begonnen. Von da aus wächst jedes Jahr ein neuer Ring um den Kern. Seine Form verrät uns, ob der Baum ausreichend Licht bekam oder im Schatten von Nachbarbäumen stand. Die hellen breiten Holzringe sind Zeichen von guten Wachstumsbedingungen, während die kargen Jahre an den schmalen dunklen Ringen zu erkennen sind. Unter der schützenden Rinde liegt die gelebte Zeit. Was ist unsere Mitte? Welche Kreise zieht unser Leben? Frohe und schmerzliche Erfahrungen wachsen in uns hinein und hinterlassen Narben. Was prägt uns? Nicht aus eigener Kraft wachsen und reifen wir, sondern aus der Mitte – aus Gott – wachsen uns Kraft und Leben zu.

In der Vorbereitung

sägten wir aus schlanken Lärchenästen 5cm schmale Holzscheiben zu. Für den Altartisch zimmerten wir zwei Birkenkreuze. Eines blieb als Kreuz-Baum kahl, während wir das andere als Lebens-Baum mit Efeuranken und Blüten verzierten. Als musikalischen Beitrag übten die Kinder das Lied »Wachse, kleiner Baum« mit Orffbegleitung (siehe S. 54).

Beitrag der Kinder im Gottesdienst

Es ist eine alte christliche Tradition, im Kreuz das Holz des Lebens zu sehen. Das Kreuz wird zur Weltachse. Darum trugen unsere Kinder in einer kleinen Prozession nicht nur den Kreuzbaum zum Altar, sondern auch den Lebensbaum. Nach der Lesung verteilten die Kinder an alle Mitfeiernden Holzscheiben. Darauf folgten das Evangelium nach Joh 4,33-38, das Predigtgespräch und unser Lied vom Baum.

Mit der Bitte und der Hoffnung, dass Jesus unser Leben prägt, uns wachsen und reifen lässt bis zum Tag der Ernte, nimmt jeder seine Baumscheibe mit nach Hause.

Anlässe *zum Rückschauhalten auf unser Leben können sein: Jahreswechsel, Karfreitag – Ostern, Erntedank, Einkehrtage, Senioren- und Familiengottesdienst, Hochzeit, Trauerfeier.*

Hinweise zur Weiterarbeit: Baum

Beiträge aus Wastwie

Menschen und Bäume

4/83	Der Baum will uns was lehren
3/84	Fortbildungsseminar »Baum und Mensch«
4/85	Elternabend »Worin bin ich verwurzelt«
4/85	Vorlesegeschichte »Unser Friedensbaum«
4/86	Ideen-Börse
3/89	Für jeden seinen Baum
3/89	Tief verwurzelt sein
1/92	Kinderkirchentag »Baum des Lebens«
3/95	Ich – Geschichten von Bäumen
3/95	Klagepsalm eines Straßenbaumes
3/96	Kindergartenabschied »Danke-Baum«
3/96	Vorlesegeschichte »Vom alten Baum«

Bezug zu Ostern

1/86	Kreuz – Osterbaum
1/90	Tradition des Kreuzbaumes

Familiengottesdienst

1/83	Familiengottesdienst »Paradiesgarten«
1/90	Familiengottesdienst »Hoffnungsbaum«

Bezug zu Weihnachten

3/82	Christbaum – Hoffnungsbaum
3/84	Ein ganz besonderer Apfelbaum
4/89	Marienbaum – Christbaum
4/89	Musikalisches Weihnachtsspiel
4/94	Grüner Zweig, Hoffnungssymbol
4/94	Christbaum – Hoffnungsbaum
4/94	Der Baum, der viel erzählen will

Lieder

4/86	Sieh auf die Wurzel
3/89	So ein Baum
4/89	Weihnachtsbaum – Hoffnungsbaum
4/89	Ich in meinem Traum
3/84	Der Baum ist schön

Bibeltexte zum Symbol Baum

Altes Testament

1. Mose 1,11
Bäume sind Gottes Schöpfung

1. Mose 2
Baum der Erkenntnis

Jesaja 11,1
vom Stamm Jesajas

Jesaja 41,19.20
In der Wüste pflanze ich Zedern

Jesaja 61,3
Bäume der Gerechtigkeit

Jeremia 17,7-8
Wie ein Baum, der am Wasser gepflanzt ist

Ezechiel 17,22-23
Der zarte Zweig wird zur prächtigen Zeder

Hosea 14,6
Die verheißende Erneuerung

Neues Testament

Matthäus 7,16-20
An den Früchten werdet ihr sie erkennen

Matthäus 13,31-32
Das Gleichnis vom Senfkorn

Lukas 13,6-9
Vom unfruchtbaren Feigenbaum

Johannes 15
Der wahre Weinstock

Weitere Literaturhinweise

Gertrud Höhler, Die Bäume des Lebens, Baumsymbole in den Kulturen der Menschheit, Stuttgart 1985.

Wolfgang Longardt, Anvertrautes entdecken – eine Spiel- und Arbeitsmappe für Kindergarten, Grundschule, Kindergottesdienst, Lahr 1982.

Bilder zur Baum-Betrachtung

Misereor – Hungertuch aus Haiti: Jesus am Kreuzbaum, Indien: Christus im Lebensbaum

Christa Holl, Im Kleinen liegt verborgen oft eine große Kraft, RPA -Verlag, Landshut 1988.

Sieger Köder, Unter dem Apfelbaum habe ich dich geweckt, Der Stammbaum Jesu, Schwabenverlag, Ostfildern 1996.

Sr. Sigmunda May, Der Baum aus Menschen, Von Gott geheilt – Holzschnitte zur Bibel, Don Bosco Verlag, München 1995.

Samenkorn

Im letzten Sommer ist Friederike mit ihren Eltern nach Schleswig-Holstein in den Urlaub gefahren. An einem warmen Tag machte sie mit ihrem Vater einen Spaziergang durch die Felder, auf denen das reife Getreide steht. Der Vater pflückt eine Ähre ab, reibt sie zwischen den Handflächen und bläst die Spreu fort. Friederike nimmt die Körner mit nach Hause und legt einige davon auf ein Stück Watte, das sie vorher mit Wasser getränkt hat. Nach einigen Tagen beobachtet sie, wie die Körner dick werden und aufquellen. Schließlich zeigt sich an den meisten ein kleiner Keim.
Was man so auf der Fensterbank nachbilden kann, vollzieht sich jedes Jahr in der Erde, wenn die Samenkörner der verschiedenen Pflanzen in den Boden gesät werden: bei Blumen und Gemüse im Garten, aber auch im Wald bei den Bäumen. Es ist schon erstaunlich, was aus einem solch kleinen Samenkorn alles werden kann! Da steht eine Eiche, die zwei erwachsene Männer mit ihren Armen nicht umspannen können. Auch sie ist vor mehr als hundert Jahren aus einer kleinen Eichel entstanden. Man kann es schon ein Wunder nennen, wenn aus einem kleinen Getreidekorn mehrere Halme wachsen, die alle wieder Ähren mit vielen Körnern tragen. Dass ein einzelnes Korn hundert neue hervorbringt, ist nicht selten.
Mit solch einem Samenkorn hat Jesus das Evangelium verglichen. Er hat dazu ein sehr kleines Samenkorn ausgewählt, das Senfkorn, das wir in unserem Lande kaum aussäen, weil es ein wärmeres Klima braucht. Aber in Palästina konnten die Menschen damals sehen, wie in den Gärten innerhalb eines Jahres eine Senfpflanze aus kleinen Körnern aufwuchs und eine Höhe von mehr als zwei Metern erreichte.
So ist es mit dem Evangelium auch, sagt Jesus. Zuerst sind die Anfänge unscheinbar klein, aber dann wächst es und durchdringt die ganze Welt (Mt 13,31.32). Dass einst aus kleinen Anfängen in Jerusalem eine weltumspannende christliche Kirche geworden ist, wird im Bild des Senfkorns deutlich. Die stille drängende Kraft des Wachsens kennzeichnet die Verbreitung von Jesu Botschaft.
Wenn man im Frühjahr ausnahmsweise einmal eine kleine Getreidepflanze aus dem weichen Boden zieht, dann hängt das Samenkorn manchmal noch an der Wurzel. Aber wie hat es sich verändert! Nur noch die harte äußere Hülle ist übrig geblieben. Es ist innen völlig hohl. Es ist abgestorben und die Schale wird bald abfallen. Aus dem Getreidekorn ist eine stattliche Pflanze geworden, das Samenkorn aber hat seine Kraft an das keimende Leben weitergegeben. Man kann auch sagen, es hat sich selbst für das neue Leben hingegeben.
Als Jesus auf dem Weg nach Jerusalem war, wo er seiner Kreuzigung entgegenging, sagte er zu denen, die ihn begleiteten: »Wenn das Weizenkorn nicht in die Erde fällt und stirbt, bleibt es allein; wenn es aber stirbt, bringt es reiche Frucht« (Joh 12,24). Mit dem sterbenden Samenkorn wies Jesus auf seinen eigenen Tod hin und mit dem neuen Keim auf seine Auferstehung. Jesu Kreuzesopfer ist der Beginn des neuen Lebens.
Das Getreide auf den Feldern dient unserer Ernährung. Wenn es geerntet ist, werden die Körner zermahlen und aus dem Mehl wird Brot gebacken. Keimen können sie dann nicht mehr. Ihre eigene Lebenskraft ist erloschen. So tragen sie dazu bei, dass wir leben können.
Das Brot ist daher zu allen Zeiten ein besonderes Nahrungsmittel mit großer Symbolkraft gewesen. Auch im Abendmahl wird uns Brot gereicht. Das ist ein Zeichen dafür, dass wir alle durch Jesu Christi Tod leben. Jesus sagt darum: »Ich bin das Brot des Lebens. Wer zu mir kommt, der wird nicht hungern« (Joh 6,35).

Vom Erleben zum Verstehen des Symbols

»Gibt es wirklich Wunder?«, fragen manchmal Kinder und sie sind enttäuscht, wenn der Erwachsene so lange nach einer Antwort sucht. Er bräuchte dem Kind doch nur ein Samenkorn in die Hand zu legen.
Im Samenkorn ist das Leben, dem unverwechselbar zu eigen ist, was es werden soll. Im Schutz der Erde verwandelt es sich, verwurzelt mit dem Nährboden beginnt es zu wachsen und zu reifen.
Wir können uns über Gottes Zusage freuen. Er lässt die Saat wachsen, dem Menschen zum Nutzen (Ps 104,14).

Gott, segne die Früchte unserer Erde.
Möge Gott der Saat, die wir der Erde überlassen,
Blüte und Frucht geben.
Möge die Arbeit deiner Hand, o Herr,
über diesem Jahr sein.
Möge Gott deine Ernte reich sein lassen.

Irischer Segensspruch

Teil 1

Wahrnehmung sensibilisieren

Mit Kindern Naturprozesse zu beobachten, vermittelt ihnen nicht nur Sachwissen, sondern sie machen Grunderfahrungen ihres eigenen Lebens. Die in der Natur beobachteten Wechsel von Aktionen und Ruhe, Tag und Nacht findet es in seiner Befindlichkeit wieder. Staunend erlebt es, wie die Vorgänge in der Natur zueinander in Beziehung stehen – so wie wir Menschen untereinander und mit Gott. Es erkennt, dass die Verwandlung in der Natur, das Wachsen und Vergehen Voraussetzung für neues Leben ist.
Über Medien kann das Kind die Schöpfung nicht ganzheitlich erfahren und begeifen. Es braucht eine intensive erlebnishafte Begegnung mit der Natur, um zum Staunen und Danken zu kommen.

Auf den stillen Äckern passiert mehr als an den großen Knotenpunkten des Verkehrs
Helmut Thielicke

Getreide ist seit Jahrtausenden das wichtigste Grundnahrungsmittel. Durch unseren Wohlstand ist der Verbrauch des Brotes zurückgegangen und hat für viele an elementarer und symbolischer Bedeutung verloren. Die heutige Technik nimmt die Möglichkeit, den Prozess des Sä-, und Ernteablaufs zu beobachten und verhindert die direkte Beziehung zu Nahrungsmitteln. Wenn auch Voll- Korn- Kost für den modernen gesundheitsbewussten Menschen an neuem Wert gewinnt, so schließt das Symbol Samenkorn - Brot mehr ein: Leben haben durch Jesus, der selbst zum Brot wird für die Welt. Sein Brot ist Nahrung für das ewige Leben.

Samenkorn – Erfahrungen in der Natur

Die unmittelbare Umgebung des Kindergartens stellt meist das erste Entdeckungs- und Aktionsfeld dar.

Der Wind verteilt Birkensamen

erst unscheinbar und dann so groß

Im März/April sind die Gehwegplatten des Kindergarteneingangs voll von Birkensamen. Wo kommen sie her, wenn keine Birke in der Nähe steht? Wir legen einen feinen Birkensamen auf die Hand; er ist gar nicht zu fühlen. Den flachen Samen umgibt eine durchsichtige Blatthaut, die ihn wie eine fliegende Untertasse weiterträgt. Wir staunen, dass sich daraus ein Trieb entwickeln kann, der zu einem haushohen Baum heranwächst. Schließlich entdecken wir an der Grenze zum Nachbarn eine stattliche Birke. Während wir den Stamm anfassen und hochschauen, tanzen uns Birkensamen um die Nase.

■ Hier könnte gut die erste Strophe des Liedes »Ein kleiner Samen unscheinbar« gesungen werden. (siehe S. 66)

Wichtige Erfahrungen der Kinder:

- Sie sehen und fühlen die Unscheinbarkeit des Samens.
- Sie staunen über seine verborgene Kraft.
- Sie sehen und fühlen, dass der Wind zur Vermehrung beiträgt.

Säen im neuen Gartenbeet

Vorbereiten des Bodens:

im guten Erdreich bringt es Früchte

■ Wir erfüllten uns den langen Wunsch nach einem eigenen Beet und die Kinder gaben dafür gern ein sonniges Fleckchen von der Spielwiese ab. Die Arbeitsabläufe wurden besprochen. Das Umgraben war mühsam und langwierig bei dem festen Boden. Doch was entdeckten wir dabei für eine Vielfalt von Getier. Die Erde unseres Beetes fühlte sich hart und klumpig an. Ob sich unsere Samen in ihr wohl fühlen?

Der Hausmeister brachte lockere, weiche Komposterde, in der die Pflanzen sicher kräftiger gedeihen.

Säen von Sonnenblumen, Bohnen, Erbsen und Radieschen

Wir betrachten die Größe und Form der unterschiedlichen Samen, fühlen ihre Festigkeit und schauen das Bild der Pflanze im Lexikon an. Wie hoch wird sie und wie viel Platz wird sie brauchen?

wir pflegen und bewahren

Im Beet ziehen wir vier Rillen für Sonnenblumen, Bohnen, Erbsen und Radieschen. Wir überlegen, dass die kleinen Pflanzen nicht im Schatten der großen stehen dürfen. Jedes Kind legt Samen in die entsprechende Rille, deckt Erde darüber und begießt sie. (Parallele zu Gen 2,15) Für Erbsen und Bohnen werden wir bald ein Stützgeflecht vorbereiten. Nun hoffen wir auf Sonne und Regen (Parallele zu Mk 4,26-29).

Wichtige Erfahrungen der Kinder:

- Der Samen verwandelt sich im Verborgenen.
- Erde, Wasser, Licht tragen zum Wachsen bei.
- Der Mensch ist auf die Natur angewiesen.
- Pflege und Geduld sind notwendig.
- Das Wahrnehmen führt zum Verinnerlichen.
- Verantwortung für die Schöpfung übernehmen.
- Freude über die Ernte.

Entdeckungstour zum Getreidefeld

die Saat wächst von selbst

Die wenigsten Kinder sind vertraut mit der Aussaat des Korns, dem Wachsen, Reifen und Ernten eines Getreidefeldes. Wer hat schon mit seinen Händen in einen vollen Getreidesack gegriffen? In jeder Jahreszeit gibt es für die Kinder Neues auf dem Getreidefeld zu entdecken:

Während im *Winter* manche Felder brach liegen, sind andere mit dunkelgrüner niedriger Wintersaat bedeckt.

Im Frühjahr werden die Felder bestellt und bald sprießt hellgrün die Sommersaat. ***Im Sommer*** ist das Getreidefeld am interessantesten. Dicht stehen die goldgelben Halme und schaukeln im Wind sanft hin und her. Es gleicht einem wogenden Meer und rauscht sanft, je näher man an das Feld herantritt. Erst wenn die Kinder eine Ähre zerreiben, wird unter den Spelzen die ovale Form des Kornes sichtbar. Es fühlt sich fest und glatt an (Parallele Lk 6,1).

Brot wächst nicht in Scheiben

Beim näheren Betrachten des Getreidefeldes entdecken die Kinder viele Bewohner: Ameisen, Schnecken, Feldmäuse, vielleicht eine Feldlerche, die trillernd hochsteigt. Verborgen im Schutz der Halme bleiben meist Hamster und Feldhase. Dafür leuchten umso mehr bunte Tupfen von Kamille, Mohn- und Kornblumen. Die Kinder sammeln, was sie Interessantes auf dem Feld finden, um es im Kindergarten genauer zu betrachten.

Teilen und leben wie Pflanzen und Tiere

■ Hier ist das Lied angebracht »Ein kleiner Samen unscheinbar« (siehe S. 66f.). Daran können sich freiformulierte Fürbitten anschließen, die unsere Verantwortung für die Schöpfung ausdrücken wie:
Gott, wir wollen nicht achtlos mit Brot umgehen …
Singen wir den Refrain des Liedes mehrmals, so können die Kinder freiformulierte Lob- und Dankgebete dazwischen vorbringen wie:
Gott, es ist schön, wie sich die gelben Ähren im Wind wiegen.

wir bitten und danken

Zum Ende des Sommers prüft der Bauer die Größe und Festigkeit der Körner und kann ernten, wenn sie reif und trocken sind. (Parallele Mk 4,28-29) Vor einigen Jahrzehnten waren die einzelnen Abläufe der Ernte genau zu beobachten, während der Mähdrescher heute alle Arbeitsgänge übernimmt.
Für unsere Kinder der Technik ist die mühsame *Erntezeit* von früher kaum vorstellbar, wo jeder mithelfen musste. *Wichtig ist es, ihnen das anhand von Bildern und Geschichten nahe zu bringen.*
Im Herbst strahlen die weiten Stoppelfelder Ruhe aus. Sie laden zum Drachensteigen ein.

Wichtige Erfahrungen der Kinder im Sommer:

Sie sehen,
- wie die Wurzeln sich in der Erde festkrallen;
- dass der Samen Vielfaches an Früchten bringt;
- dass der Halm in Abständen durch Knoten verstärkt ist;
- dass das Korn ohne Zutun des Menschen wächst;
- wie im Getreidefeld Pflanzen und Tiere leben;
- sie empfinden Freude und Dank für die Gaben.

Samenkorn – Erfahrungen im Raum

Unter der Lupe betrachtet

■ Ein »Labortisch« steht über einen längeren Zeitraum in der Gruppe. Vorbereitet sind Lupen, Pinzetten, Messer, Scheren, Sachbücher zum Nachschlagen, Schälchen mit Funden aus der Natur und vielerlei Samenkörnern. Wie sehen die verschiedenen Samenkörner von außen und von innen aus? Wie groß ist der verborgene Keim? Was macht die Grannen so rau? Wie sehen die Halme von innen aus? Wie sehen der Birkensame und das Mohnkorn unter der Lupe aus? – Die Kinder haben Zeit zu untersuchen, zu schneiden, zu entdecken, zu vergleichen, vielleicht auch Erlebnisse auszutauschen.

der Natur auf der Spur

Weizen säen

Vorbereitet ist eine Glasschale ca. Ø 18 cm, Gartenerde, eine Vase mit Ähren, eine Schale mit Weizenkörnern (Bauer, Reformhaus), eine Gießkanne mit Wasser, ein Holzkreuz.
Verwandeln zum neuen Leben
■ Wir sitzen im Kreis um eine Vase mit Ähren. Jedes Kind nimmt eine Ähre, fühlt den leichten Halm und die schwere Ähre, betrachtet sie und pellt die Körner aus den Spelzen. Wie viele Körner sind aus einem Samenkorn geworden? Jedes Kind zählt seine Körner. Sie fühlen sich hart an. Wir riechen an ihnen und essen einige. Die übrigen Körner behalten wir auf der Hand und hören, dass auch Jesus mit seinen Jüngern durch Korn-

felder ging und Körner aß (Lk 6,1). Jesus erzählt vom Weizenkorn, das sterben wird wie er, damit wir das Leben haben. Er sagt: *Wenn das Weizenkorn nicht in die Erde fällt und stirbt, bleibt es allein, wenn es aber stirbt, bringt es viele Frucht* (Joh 12,24).
Wir stellen eine Glasschale in die Mitte und jedes Kind füllt Erde hinein. Dann stecken wir das Kreuz in die Schale. Ein Kind nach dem anderen sät seine Körner mit einem besonderen Wunsch, z.B. *ich säe für meine Eltern, weil sie mich besonders lieb haben* ...Wer mehr säen möchte, kann Körner aus der Schale nehmen.
Wir gießen die Saat und singen anschließend »Es ging ein Sämann« (siehe S. 67).
Anmerkung: Legt man die Körner einen Tag in lauwarmes Wasser, so werden sie weich und keimen schneller. – Das Wachsen der Wurzeln kann durch die Glasschale gut beobachtet werden.

Besuch beim Bäcker

backe, backe, Kuchen

■ In der Backstube einer Bäckerei strahlt der Ofen mollige Wärme aus. Der Bäcker hantiert mit Brotschieber und Backblechen und die Kinder verfolgen neugierig den Arbeitsablauf. Hier schließt sich der Kreislauf vom Korn zum Brot. Die Kinder sehen die verschiedenen Mehlsorten, ganze oder gequetschte Körner, Backzutaten und Sauerteig und staunen über die starken Rührarme der Teigmaschine. Jedes Kind bekommt ein Stück weichen Teig zum Kneten, formt ein Brötchen und legt es auf ein großes Backblech, das viermal so groß ist wie das zu Hause. Der Bäcker informiert über die Backzeit und schiebt es in den Ofen. Die Kinder riechen den Duft und schon bald können sie das warme Brötchen essen .
Anmerkung: Vorherige Absprache mit dem Bäcker darüber treffen, dass die Kinder auch backen dürfen und keine reine Exkursion beabsichtigt ist. Jedes Kind nimmt eine Schürze mit.

Exotische Düfte

Samen und Früchte duften

■ Manche Museen haben eine Gewürzausstellung und bieten interessante Führungen an. Für die Kinder ist es spannend, Samen und Früchte aus exotischen Ländern mit allen Sinnen zu erfahren.
Mit welchen Gewürzen hat wohl Maria gekocht? Wir lassen uns typische Gewürze aus dem heiligen Land zeigen.

Eine Schale Reis

■ Wir betrachten Reiskörner, fühlen die glatte, harte Fläche und probieren einige. Dann kochen wir eine Tasse Reis, stellen sie in die Mitte des Tisches, und jedes Kind vergleicht die Menge mit seinem Frühstücksbrot.

zu wenig, um satt zu werden

In vielen Ländern müssen die Menschen mit einer Schale Reis am Tag auskommen.
Den Reis teilen wir auf und schmecken die weichen Körner.
Dieses anschauliche Beispiel ist Einstieg in ein Gespräch mit den Kindern über unser Leben im Überfluss, über verantwortungsvolles Teilen und Wertschätzung der Nahrung. Jeder hat Hunger nach Nahrung, aber auch nach Liebe, Geborgenheit, Frieden. Diese Nahrung will Jesus geben, wenn er sagt: »Ich bin das Brot des Lebens. Wer zu mir kommt, der wird nicht hungern« (Joh 6,35).

Jesus stillt den Hunger

Teil 2

Erfahrungen von der Wirklichkeitsebene auf die Symbolebene übertragen

Gespräche

In unserem Bewusstsein ist die Abhängigkeit von Brot als Grundnahrungsmittel tief verwurzelt. Das drücken wir in der Sprache deutlich aus, wenn wir »das Brot verdienen«, um unsere Existenz zu sichern, weil wir nur »von Wasser und Brot« nicht leben möchten. Obwohl unsere Mahlzeiten aus den unterschiedlichsten Nahrungsmitten bestehen, sprechen wir vom Frühstücksbrot, Pausenbrot, Mittagsbrot und Abendbrot. Selbst der Tagesablauf orientiert sich an den Brot-Zeiten. Diese Symbolsprache ist zwar allgemein geläufig, doch ihre tiefe Bedeutung ist den wenigsten bewusst. In Gesprächen mit den Kindern können wir auf ihre Beobachtungen und Erfahrungen dazu eingehen, Impulse zum Nachdenken schaffen und manche Fragen auch mit einer Geschichte aus der Bibel beantworten.

Ideenbörse Brot

wir füllen den Brotkorb

■ Es macht viel Spaß und ist einfach, Wörter in Verbindung mit Brot zu finden. Wir sammeln die Einfälle, schreiben sie auf Papierscheiben (»Brötchen«) und kleben sie in den »Brotkorb« aus braunem Tonpapier.

Bildhafte Redewendungen kennen Kinder oft aus Märchen wie »bei Wasser und Brot«. Weniger geläufig sind den Kindern Redewendungen, die eine Situation umschreiben wie »den Brotkorb höher hängen«. Reizvoll kann hier als Starthilfe eine kurze Geschichte oder für ältere Kinder ein Bilderrätsel sein.

Es ging ein Sämann aus

Nacherzählen des Gleichnisses vom Sämann (Mk 4,3-9) durch Imaginieren.

wir hören die Geschichte

■ a) Die Kinder sitzen um ein braunes Tuch, das den Acker darstellt. Langsam und anschaulich wird das Gleichnis in Abschnitten erzählt, wobei jeweils ein Kind den Weg (Tuch), Steine, Dornen und Korn neben den Weg legt. Wir schließen die Augen und verinnerlichen das Bild.

wir schlüpfen in eine Rolle und erzählen

b) Beim Nacherzählen schlüpft jedes Kind in eine Rolle (Sämann – Samen – Weg – Vogel – Steine – Sonne – Dornen – Erde) und beschreibt sie aus seiner Perspektive. Unmittelbar nach jeder Darstellung kommt das Samenkorn zu Wort und kann dazu seine Eindrücke wiedergeben. Wenn die Dornen z.B. erzählen, wie sie sich ausbreiten, so kann das Samenkorn ausdrücken, wie es sich zwischen den dunklen Dornen fühlte. Die Gegenüberstellung der Perspektiven fördert im Kind wichtige Fähigkeiten wie Einsicht bekommen, Verständnis und Toleranz.

c) Die Erzählung schließen wir ab mit dem Lied »Es ging ein Sämann aus« (siehe S. 67).

Was ein Brot erzählen könnte ist ein weiterer Praxisimpuls aus Wastwie 3/92.

Geschichten

Zu allen Zeiten wurden Geschichten, Sagen und Märchen erzählt, in denen Korn und Brot heilige Gaben sind und zum Teilen verpflichteten. Kann man mit Worten die Wertschätzung eines unscheinbaren Samens oder des Brotes vermitteln? Mit lehrhaften oder moralisierenden Appellen sicher nicht. Werden aber menschliche Erfahrungen in Erzählungen geschildert, so nimmt das Kind sie an. Unvergessen bleiben z.B. die Legenden, wo bei geizigen Menschen die Brote zu Stein werden, oder die Hungersnotgeschichten. Der Inhalt kann das Kind so beeindrucken, dass seine Lebensorientierung davon bestimmt wird.

Die Geschichte von Ameise und Weizenkorn

m Weizenkorn ist viel Leben

Ein Weizenkorn lag auf dem weiten Feld, ganz allein. Es war von der Ernte übrig geblieben. Es wartete auf den Regen, um wieder in die bergende Erde zurückzukehren. Eine Ameise entdeckte das Korn, lud es auf und schleppte es mit großer Anstrengung zur weit entfernten Behausung.
Die Ameise ging und ging, das Weizenkorn schien immer schwerer zu werden auf den müden Schultern der kleinen Ameise
»Warum lässt du mich nicht liegen?«, sprach das Korn. Die Ameise antwortete: »Wenn ich dich liegen lasse, werden wir keine Vorräte für diesen Winter haben. Wir sind viele, wir Ameisen, und jede von uns muss in die Vorratskammer so viel bringen, wie sie nur findet.« »Aber ich bin nicht geschaffen, um gegessen zu werden«, sagte das Weizenkorn darauf. »Ich bin ein Same. In mir ist viel Leben. Aus mir soll eine Pflanze wachsen. Höre, liebe Ameise, machen wir einen Vertrag!« Die Ameise war zufrieden, dass sie ein wenig ausruhen konnte.
Sie legte das Korn ab und fragte: »Was für ein Vertrag soll das sein?«
»Wenn du mich auf meinem Feld liegen lässt«, sagte das Korn, »und mich nicht in deine Behausung trägst, werde ich dir in einem Jahr hundert Körner meiner Art zurückgeben.« Die Ameise starrte ungläubig.
»Ja, liebe Ameise, glaub, was ich dir sage! Wenn du heute auf mich verzichtest, werde ich dir hundert Weizenkörner für dein Heim schenken.«
Die Ameise dachte: Hundert Körner im Tausch gegen ein einziges – das ist ja ein Wunder. Sie fragte das Weizenkorn: »Und wie wirst du das machen?« »Es ist ein Geheimnis«, antwortete das Korn. »Das Geheimnis des Lebens. Heb eine kleine Grube aus, leg mich hinein, verbirg mich darin und komm in einem Jahr wieder zurück!«
Ein Jahr später kehrte die Ameise wieder zurück. Das Weizenkorn hatte sein Versprechen gehalten. Eine große Ähre war gewachsen – mit vielen Körnern.

Leonardo da Vinci

Bilder

Wenn das Weizenkorn in die Erde fällt – Bildmeditation

Der Raum ist nur schwach, aber mit warmem Licht beleuchtet.

■ Wir sitzen bequem auf dem Fußboden. Wir atmen langsam tief ein und aus und entspannen uns.
Das Bild betrachten wir in zwei Phasen, um einen Entstehungsprozess zu erleben und decken es so ab, dass nur die Erde zu sehen ist.
Phase a) Wir schauen das Bild an und überlegen, was es darstellt. Ruhig greifen wir die Betrachtungen der Kinder auf und beobachten dabei die geäußerten Gefühle.
Phase b) Ist das Bild erkannt, so decken wir es ganz auf und bitten die Kinder, es in Stille auf sich wirken zu lassen.

Das Samenkorn liegt in der Erde klein und hart – die Erde ist dunkel und hüllt es ein – Wasser sickert durch die Erde und macht es weich – Wärme kommt von oben – das Korn scheint zu sterben – die Hülle zerfällt – der kleine Keim aber treibt feine Wurzeln in die Tiefe – der Keim wächst und bohrt sich durch die dunkle Erde nach oben, dem Licht entgegen – in der Sonne wächst er zum kräftigen Halm – bald wird er eine Ähre tragen – der Wind wird sie wiegen – doch er ist fest verwurzelt mit dem Boden – die Sonne spendet Wärme – in der Ähre werden viele Körner wachsen – bald wird sie reif sein.

verwurzelt in der Erde wächst es zum Licht

Mit dem Lied »*Was schwach beginnt*« schließen wir die Bildmeditation ab. Dazu kauern die Kinder am Boden, »wachsen« langsam, strecken Kopf und Hände nach oben und beenden das Lied mit nach oben gewandten Handflächen.

wir singen und danken

Anmerkung: Dieses Bild/Dia ist aus der Mappe »Ostern entdecken« (siehe S. 70).

Sonne aus Ähren – ein Bild, das wächst

Die Auslegung des Gleichnisses vom Sämann drücken wir in einem Gemeinschaftsbild aus, das über lange Zeit von jedem, der den Kindergarten besucht, betrachtet und ergänzt werden kann.

Die Kinder sollten mit dem Gleichnis vertraut sein (siehe S. 64).

welche Früchte kann ich bringen?

■ Langsam wird der Text vorgelesen (Mk 4,3-10).

Nun gehen wir der Frage nach, was das Gleichnis für uns bedeutet und ob Jesus damit auch unser Leben meinte. *Wann bin ich ein Same, welche Früchte kann ich bringen?*

Material:
niedriger quadratischer Tisch – einfarbige Decke – Jesuskerze – Vase mit Ähren – Schalen mit verschiedenen Körnern – vorbereitete Papierscheiben Ø 6 cm – Buntstifte.

So gestalten wir das Bild:
Der Tisch steht an einer geeigneten Stelle im Kindergartenflur.

- In die Mitte des Tisches stellen wir die Jesuskerze – *Jesus ist unsere Mitte, er ist unser Licht.*
- Die Kinder streuen einen Kranz von Körnern um die Kerze – *Jesus ist das Weizenkorn, das sich hergibt, damit wir das Leben haben.*
- Verschiedene Körner und Samen (je nach Material) bilden einen weiteren Kranz – *in ihnen steckt Leben, das sie weitergeben.*
- Aus Ähren und Halmen legen wir Strahlen – *wie das Korn, so sollen auch wir reiche Frucht bringen.*

Abschließend tanzen wir um das Bild und singen die letzte Strophe des Liedes *»Es ging ein Sämann aus«* (siehe S. 63). In den folgenden Tagen können Eltern und Kinder auf die vorbereiteten Papierscheiben malen, welche Früchte *wir* bringen können. Auch Symbole sind möglich. Diese »Früchte» legen wir zwischen die Strahlen.

Weitere Angaben für Bilderbetrachtungen siehe S. 70.

Lieder – Tänze – Musik

Lieder in allen Kulturkreisen spiegeln deren Zeitgeist wider. Sie drücken die Bedürfnisse der Menschen aus und gewähren uns Einblicke in ihren Alltag . Die Generationen vor uns lebten in starker Verbundenheit mit der Natur und so erzählen viele Lieder von der harten Arbeit der Bauern auf den Feldern und vom Dank für eine gute Ernte. Nachdem die Industrialisierung den Bezug zur Natur zerstörte, beginnt heute eine Rückbesinnung auf die Bewahrung der Schöpfung. Lieder unterstützen unser Bemühen, das uns Anvertraute sensibler wahrzunehmen, verantwortlich damit umzugehen und den Dank an Gott nicht zu vergessen.

Ein kleiner Samen unscheinbar

2. Die Blume, rot und wunderschön, ist leider noch kein Strauß,
doch sind es mehr, dann kannst du sehn, es wird etwas daraus.

3. Ein Mauerstein so ganz allein, der reicht nicht für ein Haus,
doch wenn man viele Steine nimmt, dann wird etwas daraus.
4. So vieles fängt im Kleinen an, oft kennst du dich nicht aus,
doch Gott ist da und steht dir bei, es wird schon etwas daraus.

Tanzbeschreibung

Alle stehen im Kreis
Strophe 1 – 3
Takt 1- 8 Text mit Handbewegungen darstellen
Strophe 4
Takt 1 – 4 aus der Hocke wachsen, sich beidseitig anfassen
Refrain bei allen Strophen: den rechten Nachbarn einhaken und vier Takte rechts herum, Seitenwechsel, dann vier Takte links herum tanzen.

Es ging ein Sämann

Es ging ein Sämann aus, zu säen,
und etliches fiel auf den Fels,
wo's in der Sonne welkte.

Es ging ein Sämann aus, zu säen,
und manches unter Dornen fiel,
die es schon bald erstickten.

Es ging ein Sämann aus, zu säen,
und manches fiel auf gutes Land
und brachte Frucht für hundert.

Text und Musik: Siegfried Macht

Improvisiertes Begleiten mit Orffinstrumenten

Beispiel:
Rasseln zu Beginn jeder Strophe
bei der 1. Strophe unterbricht *Handtrommel* für Weg, *Triangel* für Vögel.
Bei der Instrumentenauswahl sollten die Kinder einbezogen werden.

■ Wird das Gleichnis vom Sämann (Mk 4,3-9) in Abschnitten erzählt oder gelesen, so könnte dazwischen jeweils die passende Strophe gesungen werden.

Tanz der Samenkörner

Dieser Tanz ist für eine große Kinderzahl geeignet.

Körner tanzen um die Mitte

■ Die Kinder identifizieren sich mit Samenkörnern (Sonnenblume, Korn, Apfelkerne ...) und bilden von der Mitte aus immer größer werdende Kreise. Sie fassen sich an den Händen und gehen per Kreis abwechselnd mit oder gegen den Uhrzeigersinn.

Weitere Gestaltungsmöglichkeiten können entwickelt werden.

■ Alles dreht sich um diesen Mittelpunkt, der je nach Anlass die Jesuskerze, Brote, eine Schale Erde, eine Getreidegarbe, eine Schale Wasser sein kann.

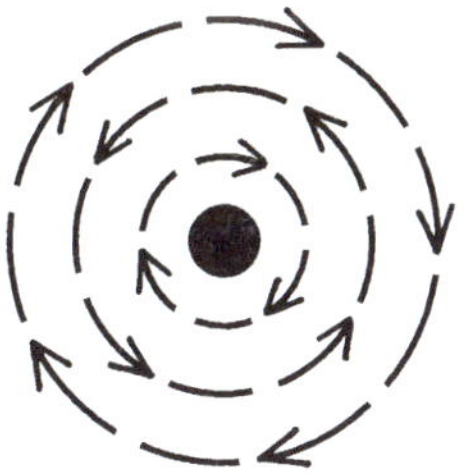

Malen – Basteln – Gestalten

Die vielen gesammelten Eindrücke der Kinder werden verarbeitet und ausgedrückt in einer wahren Gestaltungslust. Genügend Raum und Freiraum lassen das Kind kreativ werden, sein Wissen über Naturvorgänge darzustellen und die Aussage von Geschichten in seiner individuellen Bildersprache auszudrücken. Dabei kommt es in seiner Ausdruckskraft einer symbolischen Deutung manchmal näher, als ein Erwachsener es könnte.

Bilder malen nach biblischen Erzählungen

Jesus ist Brot des Lebens

■ Zum Malen in verschiedenen Techniken oder Gestalten mit unterschiedlichsten Materialien eignen sich vor allem folgende Geschichten: Brotvermehrung (Mk 8, 1-9) – das letzte Abendmahl (Mt 26,17-30) – Gleichnis vom Senfkorn (Mt 13,31-32) – Gleichnis vom Sämann (Mk 4,3-9) – Gott schafft Brot für alle (Psalm 104).

Geschichten als Wollfadenbild

Material:
Bunte Wollreste – flache Schalen mit Wasser – als Unterlage Flanell, Filz oder Rupfen.

So wird's gemacht:

Brot teilen bringt Frieden

Eine Geschichte wird vorgelesen oder erzählt. (siehe S. 67).
■ Nun überlegen wir, was daraus dargestellt werden soll, und die Kinder verständigen sich untereinander, welche Teilaufträge von wem ausgeführt werden. Dann drücken die Kinder angefeuchtete Wollfäden in unterschiedlicher Länge in den gewünschten Formen auf die Arbeitsunter-lage. Liegend haften sie einige Tage, ist die Unterlage aber auf Holzplatten gespannt, sollten sie im Winkel von ca. 45 Grad stehen.

Leporello: Vom Korn zum Brot

Material:
Mehrere Bögen Papier gleicher Größe – Wachsmalkreiden – Klebstoff.

So wird's gemacht:

was das Korn erlebt

■ »Welchen Weg macht denn das Korn, bis wir es als Brot essen können?« So oder ähnlich könnte ein Gespräch die Malaufgabe einleiten. Die Kinder malen die einzelnen Stationen des Korns bis zum Brot auf Papierbögen und kleben sie folgerichtig aneinander.

Sporenbild: Wer hat seine Spuren hinterlassen?

Material:
Papier – Lamellenpilz für jedes Kind – Haarspray.

So wird's gemacht:

wir entdecken winziges Leben

■ Legen wir den Hut des Pilzes auf ein Blatt Papier an einen warmen Platz, so finden wir tags darauf ein feines Sporenbild. Jede kleinste Spore ist ein einzelliges Keimkorn, das aus dem Fruchtkörper (Hut) fiel. Wird es vom Wind auf günstigen Boden getragen, so bilden sich neue Fruchtkörper. Das Sporenbild fixieren wir mit Haarspray.

Spiele

Kinder spielen gerne nach, was sie beschäftigt, und drücken es auf immer wieder neue Weise aus. Der sehnlichste Wunsch der Kinder ist es, zu wachsen, um bald groß zu sein. Selbst noch schutzbedürftig, können sie sich im Rollen- und Identifikationsspiel gut in das Kleine, Unscheinbare versenken, fühlen sich verstanden und bilden Assoziationen zu eigenen Erfahrungen. Gestik, Mimik und Sprache helfen ihnen, gewonnene Eindrücke und Einsichten mit anderen auszutauschen und ein Gefühl der Verbundenheit mit der Gruppe zu erleben.

Stegreifrollenspiel mit imitierten Geräuschen: Die Ameise und das Weizenkorn

Die Kinder sind mit der Geschichte vertraut.
■ Braune Decken liegen faltig (als Feld) auf dem Fußboden. Ein Kind schlüpft in die Rolle der *Ameise* und lädt das *Weizenkorn* (kauerndes Kind) auf seinen Rücken. Den Dialog führen die Kinder mit eigenen Worten. Gegen Ende der Geschichte wird das *Weizenkorn* zum *Keimen* in die Erde (Decke) gelegt. Ein Jahr vergeht.
Der Ablauf des Jahres könnte mit imitierten Geräuschen klanglich dargestellt werden. Dabei können viele Kinder zusammen oder gruppenweise mitmachen. Den Herbst charakterisieren Windgeräusche und Stürme, z.B. durch S-Laute in die hohle Hand blasen, Tücher und Plastikfolie schnell bewegen etc. Im Winter krähen futtersuchende Raben, der Schnee knirscht unter den Sohlen etc. Der Phantasie und Kreativität sind hier keine Grenzen gesetzt.
Weitere Möglichkeiten, das Jahr darzustellen: vier kurze Passagen aus »Vier Jahreszeiten« von Antonio Vivaldi, wobei die Kinder still zuhören oder tanzen. Den Übergang zur nächsten Jahreszeit kündigt ein Triangelton an.
Den Ausgang der Geschichte stellen Ameise und Weizenkorn nach eigenen Vorstellungen dar.

Gemeinde einbeziehen

Gemeindegottesdienst »Jesus – Brot des Lebens«

Alle sind eingeladen, das Brot zu essen, um nicht mehr zu hungern.

Den Impuls für die Thematik des Gottesdienstes gab die Erzählung der Speisungsgeschichte im Kindergarten, wonach ein Junge sagte: »Das ist ja eine tolle Geschichte. Ich frag mal Mama und Papa, ob die sie auch kennen!« Daraus entwickelte sich der Wunsch, alle Eltern und Gemeindemitglieder einzuladen, um die Erzählung zu hören und in der Gemeinschaft mit Jesus das Brot zu essen.

In der Vorbereitung

Mit dem Kindergartenteam, Eltern und angesprochenen Mitgliedern von Gemeindegruppen planten wir den Gottesdienst. Einige Eltern halfen im Kindergarten Brotteig herzustellen, ließen die Kinder zusätzlich in der mitgebrachten Getreidemühle Körner malen und backten zwei Brote. So lässt der miterlebte Arbeitsprozess den Kindern die Vater-unser-Bitte sicher bedeutsamer werden. Weitere Brote werden besorgt oder zu Hause gebacken, die Kinder übten den Tanz der Samenkörner (siehe S. 67), den Eltern mit Musik begleiten wollen.

Beitrag der Kinder und Eltern im Gottesdienst

Nach dem Einzug und der Begrüßung empfängt der Pastor nacheinander je zwei Kinder am Altar. Die beiden Ersten bringen eine Schale mit **Weizenkörnern**, symbolisch für uns alle, die als Jesu Gemeinde zusammengekommen sind.
Die nächsten beiden bringen einen Krug **Wasser**, symbolisch für die verbindende Eigenschaft des Wassers für den Teig und die Verbindung mit Jesus.
Die letzten beiden bringen Brot, das durch Hitze und Wärme aus dem Teig entstanden ist.
Der Pastor dankt Gott für das **Brot** und bittet ihn, dass wir in Liebe zusammenwachsen und in seinem Sohn eine Gemeinschaft werden.
Nach einleitenden Worten des Pastors versammeln sich die Kinder um den Altar, nehmen alle Gemeindekinder zwischen sich und beginnen mit dem Tanz der Samenkörner. Zwei Eltern begleiten ihn mit Gitarre und Querflöte. Darauf folgen das Evangelium nach Joh 6,48.50-56 und das Predigtgespräch. Dabei lädt der Pastor alle nach dem Gottesdienst zum Essen und Plaudern ein.
Beim Vaterunser fassen wir uns an den Händen und beten bis zur Brotbitte. Dann verteilen die Kindergartenkinder Brotstücke (Fladenbrot vorher geschnitten) an alle – und setzen das Gebet fort.
Im Anschluss an das Abendmahl sprechen drei Kinder:

1. Kind: In diesem Brot ist Jesus alle Tage unseres Lebens.
2. Kind: Dieses Brot will uns mit Gott und untereinander verbinden
3. Kind: Dieses Brot stärkt uns für das ewige Leben.

Der Segen und ein Danklied beschließen den Gottesdienst.

Beim Beisammensitzen im Gemeindesaal mit Brot, Kaffee und Saft mag mancher den Kuchen vermisst haben. Doch die vielerlei Brotsorten auf dem Tisch machten neugierig und gaben reichlich Gesprächsstoff.

In Was+wie sind kreativ gestaltete Erntedank- und Familiengottesdienste zu finden.

Hinweise zur Weiterarbeit: Samenkorn

Beiträge aus Wastwie

Bezug zum Samenkorn
2/80 Wachsen und Gedeihen steht in des Herren Hand
2/85 So wird die Saat aufgehen
2/85 Vom vierfachen Ackerfeld
1/86 Geteiltes Leid ist halbes Leid
1/92 Jesus ist das Brot des Lebens
3/92 Was ein Brot erzählen könnte
3/92 Psalm 104
3/96 Mit Getreide umgehen
3/96 Feld der Bruderliebe
3/96 Der Mann aus Sung

Erntedankgottesdienste
3/79 Menschen und Tiere teilen sich die Erntegaben
2/80 Korn für viele
3/80 Vom Wachsen im menschlichen Leben
3/92 Geschichte von der großen Speisung

Familiengottesdienste
2/85 Gleichnis vom Sämann
Ein ganz besonderer Apfel

Lieder zum Samenkorn – Brot
1/80 Wir brechen hier heut das Brot
2/80 Körnlein, wachse
2/87 Lass das Korn am Halm sich häufen
2/87 Herr, gib uns Brot
3/92 Ein Dankfest für das Brot
3/92 Wenn meine Mutter Gäste hat
3/92 Als Jesus in der Wüste war
3/93 Jesus sah die vielen Leute
3/95 Es ging ein Sämann, zu säen
2/96 Wenn das Brot, das wir teilen

Weitere Literaturhinweise

Elisabeth Antonowitsch / Michael Netscher, Spielplatz Umwelt ‚Essen mit Lust und Laune, Bund für Umwelt und Naturschutz, Landesverband Baden/Württemberg.
Monika Fahnder, Bibel vor Ort, Ökumenisches Werkbuch zur Bibelarbeit, Stuttgart 1992.
Herbert A. Gornik, Was im Leben wirklich zählt – Briefe von Eltern und Paten, Stuttgart 1991.
Petra Langholz, Der Baum der hundert Bitten, Patmos Verlag Düsseldorf 1995.
Wolfgang Longardt, Anvertrautes entdecken, Katechetische Spielmappe, Freiburg – Lahr 1982.
ders., Spielbuch Religion 1 + 2, Zürich – Lahr 1982.
Antonio Vivaldi, Vier Jahreszeiten (Musikkassette, Schallplatte).
Ursula Früchtel, Mit der Bibel Symbole entdecken, Göttingen 1991.

Bibeltexte zur Schöpfung

Altes Testament
1. Mose 1,11
Es lasse die Erde aufgehen Gras und Kraut
1. Mose 2,15
Er setze den Menschen in den Garten
1. Mose 8,22
Solange die Erde steht …
Psalm 104
Gott hat Brot für alle geschaffen
Psalm 104,12-14
Die Erde ist voll seiner Güter
Psalm 19,24

Bibeltexte zum Symbol Brot

Altes Testament
1. Könige 19,1-9
Elija gestärkt
Amos 8,11
Hunger, das Wort des Herrn zu hören

Neues Testament
Matthäus 4,4
Nicht vom Brot allein
Matthäus 7,7-10
Kraft des Betens
Matthäus 26, 7-30
Abendmahl
Markus 8,1-9
Brotvermehrung
Johannes 6,35
Ich bin das Brot des Lebens

Bibeltexte zum Symbol Samenkorn

Neues Testament
Matthäus 13,31-32
Gleichnis vom Senfkorn
Markus 4,3-9
Gleichnis vom Sämann
Markus 4,13-20
Auslegung des Gleichnisses
Markus 4,26-29
Gleichnis von der selbst wachsenden Saat
Lukas 8,4-15
Gleichnis vom Sämann
Lukas 8,11-15
Auslegung des Gleichnisses
Johannes 12,24
Wenn das Weizenkorn stirbt

Bilder/Dias

Sieger Köder, Brotlandschaft, Verlag Versacrum, Rottenburg am Neckar 1996.
ders., Jesus feiert das letzte Abendmahl, aus: Du legst deine Hand auf mich, Verlag Kath. Bibelwerk, Stuttgart 1990.
Wolfgang Longardt, Ostern entdecken, Spiel- und Arbeitsmappe, Christophorus Verlag , Verlag E. Kaufmann, Freiburg – Lahr 1982.
Wolfgang Longardt / Jan Pichal, Weizenkornmeditation, aus: Arbeitsmappe ‚Ostern entdecken', Christophorus Verlag / Ernst Kaufmann Verlag, Freiburg – Lahr, 1982.
Misereor Brotvermehrung, Misereor Hungertuch Äthiopien, Aachen 1978
Ingrid Ryssel und Autorenteam, Vom Korn zum Brot, Religion spielen und erzählen, Band 1, Gütersloher Verlagshaus, Gütersloh 1992.
Jan Spichal, Bild/Dias vom Weizenkorn.

Steine

»Möchtest du mal meine Steinsammlung sehen?«, fragt Julia nach ihrem Dänemarkurlaub und streckt mir auch schon einen Schuhkarton entgegen. Viele kleine rote Herzen aus Glanzpapier waren auf den Kartondeckel geklebt, und vorsichtig nahm sie ihn ab. Auf buntem Geschenkpapier lagen grau melierte Kieselsteine in unterschiedlichen Größen und Formen. »Die großen runden Steine durfte ich nicht mitnehmen, die liegen noch am Strand«, meint sie entschuldigend und zeigt auf einen glatten, weißen Kiesel: »Auf den pass ich besonders auf, den nehm ich immer mit ins Bett. Fühl mal, wie glatt der ist!« Inzwischen waren zwei Jungs dazugekommen und Julia erzählt genau, wo sie die Steine gefunden hat. Wie lange sie ihren Schatz wohl hüten wird?
Wenn wir draußen in der Natur größere Steine finden, dann liegen sie auf ihrer schweren Seite, soweit sie eine rundliche Form haben. Man könnte sagen, sie liegen auf dem Bauch. Und die flachen Steine liegen auf einer der beiden breiten Seiten. So ist es immer in der Natur. Aber wenn es einmal nicht so ist, wenn ein Stein aufrecht steht, dann heißt es: »Halt ! Hier !«. Dann hat es eine besondere Bewandtnis mit diesem Stein. Jemand hat diesen Stein aufgerichtet. Ein solcher Stein ist ein Zeichen. Früher sagte man: ein Mal – unser Wort Denkmal kommt daher. Ein aufgerichteter Stein will etwas sagen, etwas ausweisen, auf etwas aufmerksam machen. Der Grenzstein sagt: »Halt, hier ist eine Grenze!«; ein Meilenstein sagt: »Halt, von hier aus ist es noch eine Meile bis zur nächsten Stadt!«, oder: »Schau, zu deinem Ziel musst du noch drei Meilen gehen!«. Vor allem aber der Grabstein sagt: »Halt, hier liegt jemand begraben! Denk einmal daran!«. Manche Gräber aus alter Zeit hat man nur deswegen gefunden, weil es einen aufgerichteten Stein gab. Die Menschen wussten, was sie taten, wenn sie vor Urzeiten Steine aufrichteten.
Auch in Kirchen finden sich aufgerichtete Steine. Die meisten Kirchen haben einen Taufstein: Hier festigt Gott seinen Bund mit jedem einzelnen Menschen, der getauft wird. Zu jedem Mädchen und Jungen sagt Gott in der Taufe: Ich kenne deinen Namen. Ich bin bei dir. Daran erinnern die Taufsteine, auch wenn gerade keine Taufe stattfindet.

Überall, wo es von Natur aus nur wenige Steine gibt, haben die Menschen seit Urzeiten Ziegel gebrannt. In alten Zeiten hat man vor allem in Norddeutschland herrliche Kathedralen und kleine Dorfkirchen aus Backstein gebaut, meist in gotischer Zeit, in der man auch den Spitzbogen erfunden hat. In vielen Fällen kreuzen sich mehrere Bögen, sodass im Inneren ein Gewölbe entsteht. Dabei sind fast alle Steine gleichartig, nur einer nicht, der oberste, in dem das gesamte Gebäude zusammenkommt. Ohne ihn wäre der Bogen unvollkommen, ja er würde nicht einmal standfest sein. Dieser letzte Stein vollendet das Gebäude; auf ihn richtet sich der nach oben gerichtete Blick. Darum ist dieser Stein oft sehr schön gestaltet, bunt bemalt, oder in ihn ist eine Figur gehauen. An diesen Stein kann man denken, wenn es in der Bibel heißt, dass Jesus Christus der Eckstein oder der Schlussstein im Bau einer Kirche ist, auf den hin sich alles nicht nur streckt, sondern der alles zusammenhält (Jes 28,16; Eph 2,20).
Eine richtige Gemeinde ist kein großer Steinhaufen, in dem alles durcheinander liegt, wo der Wind durch die Lücken fegt und man Sorge haben muss, dass wackelige Steine einfach herausfallen können. Eine gute Mauer ist deswegen so fest, weil der eine Stein die Lücke füllt, die der andere offen lässt, ein ausgezeichnetes Bild für jedes Gemeinwesen.
Von einem Haus mit solchen Mauern spricht das Neue Testament, wenn es von den Christen sagt, dass sie lebendige Steine sein sollen, von unterschiedlichster Art, die jedoch so zusammengehören, dass ein festes Haus entsteht; gemeint ist mit einem solchen Haus die christliche Kirche (1. Petr 2,5).
Eine Mauer kann man auch mit kleinen Steinen bauen. Wenn die Mauer allerdings nicht bald einstürzen soll, muss man darauf achten, dass die Steine gut ineinander gefügt werden, große und kleine, sodass keine allzu großen Fugen entstehen und die kleinen Steine die Lücken füllen, die die größeren offen lassen. Auch an einer alten Kirchen- oder Friedhofsmauer kann man studieren, wie große und kleine Steine einander ergänzen. Trotz ihrer Verschiedenheit bilden sie ein festes Mauerwerk, aus dem kein Stein herausfallen kann.

Vom Erleben zum Verstehen des Symbols

Steine gehören zum Urbild unserer Schöpfung und drücken Ewiges, Unveränderliches aus. Sie sind Zeichen für Härte und Stabilität. Ihre Dauerhaftigkeit bezeugen Versteinerungen von Holz und urzeitlichen Lebewesen, ebenso Reste Jahrtausend alter Bauwerke. Steine sind aber auch unbeweglich, kalt und leblos und ihre positive Bedeutung wandelt sich und steht dann im Zusammenhang mit Erstarrung und Tod. Auch als Felsen zeigen sie ihre gegensätzlichen Eigenschaften. Sie sind schroff und unwegsam, geben aber zuverlässigen Halt und bieten Schutz vor Angriffen.

Teil I

Wahrnehmung sensibilisieren

Die Doppeldeutigkeit des Stein-Symbols erleben wir täglich in vielen Situationen. Mal empfinden wir Steine als hilfreiche Begrenzung und Abschirmung, z.B. in einer Gartenmauer, dann als trennendes Hindernis für Kontakte mit der Umwelt. Sowohl den Gegenstand als auch den Begriff Stein wollen wir sensibler wahrnehmen.
Die Eigenschaften von Steinen verbinden wir mit unseren Empfindungen. So setzen wir für hart = beständig, aber auch unberührbar und für kantig = verletzend, aber auch widerständig. Unser Umgang mit Steinen kann sich im Bauen und Schützen, aber auch im Zerstören zeigen.
Steine gibt es reichlich, sie werden getreten, sie stören nur und zerstören. So und so ähnlich ist der erste Eindruck von Steinen. Und doch hat jedes Volk der Welt versucht, sich mit Steinen Denkmäler zu setzen, um sich so zu verewigen. Wie schon zu biblischen Zeiten, so werden auch heute noch Erfolgs-Türme wie in Babel gebaut, Mauern gegen Feinde errichtet und Menschen gesteinigt. Der Stein hat seine symbolische Aussage beibehalten. Um Kindern dies zu erschließen, müssen sie erst ein Stein-Bild entwickeln, das durch ihre Erfahrung entsteht.

Erlebnis

Nach den Sommerferien tauschen Kinder gerne ihre Urlaubserlebnisse aus und manche bringen besondere Muscheln mit. Julian erzählte so begeistert von seinem Portugalurlaub, dass wir ihn neugierig nach einem Bild fragten. Tags darauf brachte er dieses Bild von Steinmauern mit. *»Da hab ich oft*

mit meinem Bruder »Ritter« gespielt und die Mauern waren unsere Burg. Anfangs hatten wir Angst vor den Kühen, aber dann waren es unsere »Pferde« und sie konnten ja nicht weglaufen.« Julian zog einen grauen, runden Feldstein aus der Hosentasche und erzählte weiter: »Der steckte in einer Mauer, doch ich konnte ihn herauspulen. Da schlüpfte immer eine Eidechse in den Spalt und ich wollte sehen, wie es dahinter weitergeht. Jetzt ist da ein Loch, ob die Mauer noch hält? Ich wollte den Stein so gerne mitnehmen, weil er mich doch an den Urlaub erinnert.«

Stein – Erfahrungen in der Natur

Vom Ausflug steinreich zurück

Die wenigsten Kindergärten haben einen Baggersee oder Bachlauf in erreichbarer Nähe, wo ein Kiesbett zum Steinesammeln einlädt.

Steine gibt es überall

■ Doch auch Wege, Böschungen und Feldränder auf einem Spaziergang oder einer Wanderung bieten genug Möglichkeiten, Steine zu entdecken und dann mit ihnen zu spielen. Sind Hin- und Rückweg identisch, so könnten besondere Steine den ersten Weg wie Meilensteine markieren. Finden wir mit ihnen den Rückweg?

Vielleicht führt unser Weg an einer Natursteinmauer entlang. Weshalb wurde sie gebaut? Wie alt mag sie sein? Sie bietet viel zum Entdecken: unterschiedliche Steinformen und -größen, interessante Steinmuster und Einfärbungen – Spalten, aus denen sich Pflanzen zwängen und Spalten, in denen Tiere wohnen.

Beim Steinesuchen werden Kinder schnell zu Sammlern und lassen sie in Hosentaschen und mitgebrachten Tüten verschwinden.

Wir entdecken Steine mit schrägen, glatten Flächen und scharfen Kanten, die »Windkanter« heißen, weil Wind und Sand sie abgeschliffen haben, – glatte, runde Kiesel in vielerlei Mustern und Farben im Wasser geschliffen, »Glitzersteine« und unzählige mehr.

Wir sehen uns die Steine genau an, ihre Formen, ihre Farben – wir riechen an ihnen, reiben sie aneinander heiß und *riechen* wieder – wir *fühlen* ihre Oberfläche, halten in jeder Hand einen Stein und schätzen ihr Gewicht – wir *hören* Töne, indem wir verschiedenartige Steine gegeneinander schlagen.

ich kenne meinen Stein

Zum Abschluss unserer Steinerfahrungen setzen wir uns in einem Kreis und jedes Kind nimmt seinen Lieblingsstein in die Hand. Es betrachtet und befühlt ihn und nach einer Zeit der Stille werden alle Steine eingesammelt, gemischt und neu ausgelegt. Die Kinder werden aufgefordert, ihren Stein herauszufinden. Jeder kann erzählen, an welchen Merkmalen er seinen erkannte. Dabei zeigen die Kinder sich gegenseitig ihre Steine.

Wichtige Erfahrungen der Kinder:
- Ihr Bewegungs- und Entdeckungsdrang wird befriedigt.
- Sie lernen Merkmale und Unterschiede der Steine kennen.
- Sie können Merkmale wiedererkennen.
- Sie beschäftigen sich intensiv und sinnlich mit dem Stein.
- Sie beziehen ihn in ihre Erlebniswelt ein.
- Sie identifizieren sich mit ihm.
- Sie lernen seine Funktionen kennen.
- Ihre Erlebnisfähigkeit wird gefördert und sie werden zum Staunen angeregt.

Wer spielt mit in der Wasserpfütze?

mit Steinen spielen wir im Wasser

- In der größten Wasserpfütze kann man gut:
  - verschieden große Steine hinein werfen und zusehen, wie sie im Wasser Kreise bilden;
  - flache Steine über's Wasser springen lassen und die Sprünge zählen;
- große Steine (Ziegelsteine) hineinlegen und von Stein zu Stein springen;
- Steine enger legen und einen überspringen;
- Bretter von Stein zu Stein legen;
- viele Kieselsteine in die Pfütze legen und barfuß durchwaten;
- aus Steinen einen Staudamm bauen;
- eine Steinmauer um die Pfütze errichten;
- einen Turm im Wasser bauen.

Wichtige Erfahrungen der Kinder:
- Sie gehen um mit elementaren Dingen wie Wasser und Steinen.
- Sie können ihre Erfahrungen spielerisch verarbeiten.
- Steine sind schwer und gehen unter.
- Sie geben Sicherheit und Halt.
- Sie können viele Funktionen erfüllen.

Anmerkung: Auf diese Spielsituation könnten Gespräche folgen, die unsere Lebenssituation aufgreifen mit der Frage, wo es für uns solche Steine als festen Halt gibt, wer sie für uns hinlegt, wie daraus eine Brücke entstehen kann.

Stein Mosaik

Über einen längeren Zeitraum sammeln wir in einer Spielplatzecke verschiedene Steine wie: Mauersteine, Kiesel, Pflastersteine, Dachziegel, Fliesenreste.

jeder Stein ist wichtig

- Daraus legen wir ein Mosaik, das wir betrachten – wieder verändern können – das wir barfuß begehen und fühlen, das nach dem Regen in satten Farben leuchtet und sich kühl anfühlt – bei heißer Sonne blasse Farben zeigt und beim Begehen heiß an den Fußsohlen brennt.

Wichtige Erfahrungen der Kinder:
- Sie lernen Eigenschaften der Steine kennen.
- Die Erfahrungen werden mit Empfindungen in Verbindung gebracht.

Anmerkung: Dieses Bild kann Impulse geben für vertiefende Gespräche und Phantasiespiele nach der Fragestellung:
»Was für ein Stein möchte ich sein? Was gefällt mir an meinem Stein-Sein? Fühle ich mich eingeengt oder bin ich stolz, zum Muster zu gehören? Wie geht es mir mit meinen Nachbarn?«

»Ende«, ein Spiel aus Afrika

Für dieses Spiel werden im Sand nur Kreise gezogen und 3 Steine benötigt.

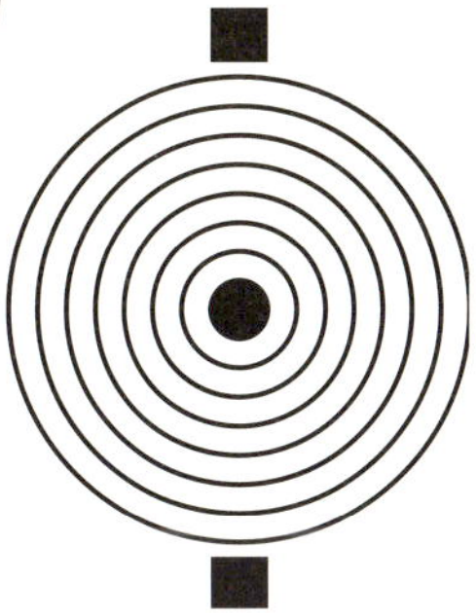

■ Zwei Kinder sitzen sich gegenüber und jeder setzt einen Stein auf »Start«. (Kästchen) Ein Kind nimmt einen dritten Stein, den es in der rechten oder linken Hand hinter seinem Rücken verborgen hält.

das Ziel liegt in der Mitte

Das andere Kind muss raten, in welcher Hand der Stein ist. Richtig geraten, darf das Kind seinen Stein in den äußeren Ring legen. Falsch geraten, ist der andere an der Reihe zu raten. Wer zuerst seinen Stein in die Mitte auf den schwarzen Punkt legen kann, hat gewonnen.

Wichtige Erfahrungen der Kinder:
- Spielmaterial muss nicht aufwendig sein.
- Die einfache, klare Spielregel erfassen auch Kleinkinder.
- Raten erhöht die Spannung.
- Das Ziel liegt in der Mitte.

Stein – Erfahrungen im Raum

Wir »bauen« unser Symbolverständnis auf

Steine werden in der Bibel im Bild des Bauens (siehe S. 71, 75) in positiven und negativen Zusammenhang gebracht. Wir setzen uns kreativ mit dem Bauen auseinander und benutzen als »Steinersatz« z.B. Holzbausteine, Lego, Kartons.

wir bauen mit Steinen auch biblische Bilder

■ Jeder kann nach eigenen Vorstellungen alleine oder mit anderen bauen. So entstehen Häuser, Tore, Mauern, Türme, Brücken und Straßen. Nach einer Experimentierphase und Gesprächen über die »Bauwerke« der Kinder könnte der Wunsch nach einer Gemeinschaftsarbeit entstehen: Dabei lassen sich Bereiche aus der Erfahrungswelt der Kinder, aber auch biblische Geschichten phantasievoll darstellen, wie z.B.
- ein Haus auf Fels gebaut (Mt 7,24-27)
- die Stadt, die Josua baute (Jos 19,50)
- die Stadt Jerusalem (Offb 21,12)
- die Stadtmauern von Jericho (Heb 11,30)
- der Turm zu Babel (Gen 11,1-9)
- das Felsengrab Jesu mit dem schweren Stein davor (Mk 15,42-47; 16,1-4)

Biblischer Text wird plötzlich greifbar. Viele Aussagen biblischer Geschichten sprechen auch schon Vorschulkinder an. Kreatives Spielen erleichtert ihnen den Zugang. Das räumliche Bild, das sie beim Bauen erstellen, prägt das innere Stein-Bild und seinen Symbolwert.

Die Mauer hat zwei Seiten

Alle Kindergartenkinder kennen die hohe Mauer, die den Gemeindeparkplatz von der Straße trennt. Vor Ort sprechen wir darüber, wie sehr uns die Mauer vor Straßenlärm und Unfallgefahr schützt, aber auch jede Sicht auf die Straße versperrt. Das bringt die Kinder zum Nachdenken und wir fragen uns, warum Mauern gebaut werden und was sie für die Menschen bedeuten.

■ Wir wollen ein Stück Mauer quer durch den Raum bauen und eigene Erfahrungen damit sammeln.

Die Planung und Durchführung des Mauerbaus wird gut überlegt und das Verarbeiten der Mauersteine (Schuhkarton) pantomimisch dargestellt. Beim Bauen

teilt sich die Kindergartengruppe und die Kinder werden sich dessen und der Raumabgrenzung bewusst. Noch kann man über die Mauer springen und sie von der anderen Seite besehen. Doch bald kann man nur noch auf Zehenspitzen rübergucken und schließlich ist der Blick verbaut. Beide Kindergruppen setzen sich hin und schließen die Augen. Wir sehen die Mauer vor unseren Augen.

unsere Gefühle an der Mauer

Jedes Kind geht seinen Gedanken und Gefühlen nach. *Ist die Mauer für mich Schutz oder sehne ich mich auf die andere Seite?* Nach einer Zeit der Stille und des Lauschens öffnen wir die Augen, treffen uns und tanzen um die Mauer herum. Vielleicht möchten die Kinder im Anschluss daran malen oder das Lied singen »Still, still ist der Stein« (siehe S. 80).

Anmerkung: Das Bild der Mauer kann auch der Gruppe, dem Team oder am Elternabend helfen, schwierige Situationen von Ausgrenzung und Einengung zu beleuchten und Lösungen zu finden.

Hochkreuz von Monasterboice (Kreuz des Muiredach, 10. Jh.), Co. Louth

Steine werden lebendig

Wir betrachten Bilder von Skulpturen und Steinreliefs, die uns von vergangenen Zeiten erzählen.

Material:
Großer Ytongstein für jedes Kind (im Baustoff-Geschäft) Hammer – Meißel – Kratzwerkzeuge – Schürzen.

So wird's gemacht:

der Stein lässt sich formen

Jeder erhält einen Ytongstein und kann mit Hammer und Meißel Figuren herausschlagen. Der weiche Stein lässt sich mit den Werkzeugen leicht bearbeiten, indem die Kinder schaben, kratzen, meißeln, ritzen und glätten. Beim Betrachten der »Kunstwerke« lassen wir uns viel Zeit zum Vergleichen, Schauen und Erzählen. Vielleicht entwickeln sich Gespräche unter den Steinen als Rollenspiel, ein Lobgesang auf die »Künstler« und abschließend eine »Skulptur-Straße« im Kindergartenflur.

Teil 2

Erfahrungen von der Wirklichkeitsebene auf die Symbolebene übertragen

Gespräche

»Mir fällt ein Stein vom Herzen«, sagen wir erleichtert, wenn sich Probleme lösten. Manches löst sich leicht, indem es ausgesprochen wird. Die bildhafte Sprache von Redewendungen kehrt die innere Stimmung nach außen, sie verschafft uns Ausdruck und vermittelt aufmerksamen Zuhörern wichtige Eindrücke.
Mit der Klagemauer von Jerusalem zeigen gläubige Juden heute, so wie ihre Vorfahren damals, wie wichtig die Bedeutung der Aussprache ist. Würden wir sie heute als therapeutische Maßnahme bezeichnen?

Ideenbörse Stein

Steine ins Rollen bringen

■ Bei einem Brainstorming im Mitarbeiterkreis suchen wir Redensarten zu »Stein, Fels, Berg« und schreiben sie auf. Dabei entstehen Assoziationen zu Bildern, die sich mit Kindern anschaulich umsetzen lassen und die sie Redensarten verstehen lassen. Eine Redensart wie z.B. »jemandem die Steine aus dem Weg räumen« kann leicht nachgespielt und dann gedeutet werden oder »etwas liegt wie ein Berg vor mir« lässt sich mit einem »Berg« von Decken gut nachvollziehen. Auf diese Weise in das Thema einzusteigen, macht nicht nur selbst viel Spaß, sondern ermutigt zur Fortsetzung mit den Kindern.

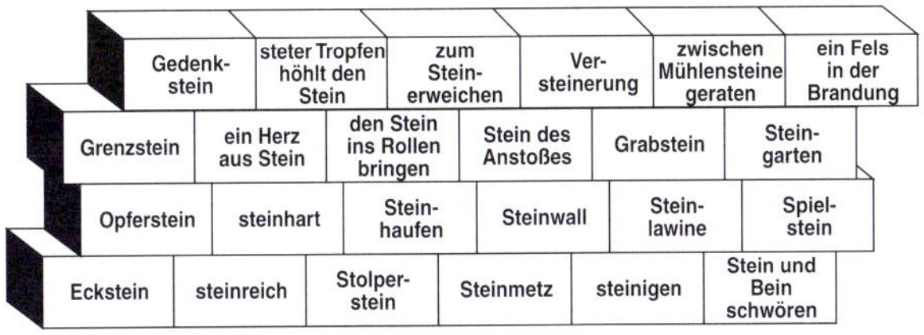

Wortverbindungen mit »Stein« können Kinder selbst leichter finden. Als Starthilfe sind nur einige genannt: Beim Begriffesammeln mit den Kindern und dem Spielen der Redewendungen werden manche Erlebnisse und Erfahrungen der Kinder mit einfließen. Wichtig ist es zu erspüren, ob sie das Kind belasten und es unsere Hilfe braucht. Manche Wörter wie *Grabstein* oder *Grenzstein* bringen vielleicht »einen Stein ins Rollen« für weitere Aktionen.

Ein Stein im Flussbett

Wir imaginieren Steine, die mit einer Geröllawine ins Tal kamen und im Flussbett liegen blieben.
■ Einige Kinder sammeln sich dicht aneinander als Berg in einer Zimmerecke. Mit zwei langen Seilen wird an der gegenüberliegenden Zimmerseite ein Flussufer gelegt und einige Kinder liegen als »Steine« darin.

Steine erzählen von ihrer Wanderung

Erzählerin: *»Die Geschichte begann in einem besonders harten Winter. Frost sprengte die schroffen Felsen und große Brocken stürzten ins Tal. Im Rollen stießen sie aneinander, brachen auf und rissen immer mehr Steine mit sich. Als mächtige Steinlawine donnerten sie ins Tal und begruben viele Waldbäume unter sich. Schließlich fanden sie sich zwischen fremden Steinen im Flussbett wieder.*
(Bis dahin spielen die »Berg«-Kinder pantomimisch die Geschichte mit)
Erzählerin: »Wassermassen strömten über sie hinweg, hoben sie immer mal wieder hoch, rollten und schoben sie weiter, sodass ihre scharfen Kanten längst glatt geschliffen waren. Steine, die sehr lange im Fluss gereist waren, hatten die feinste Oberfläche. Es vergingen Jahre, wo sie an einem Platz ruhen und sich ins Flussbett graben konnten, und Jahre, wo die Strömung sie zu neuen Nachbarn trieb.«
(Die Kinder spielen während des Erzählens mit).
Erzählerin: *»Heute ist ein ruhiger Sommertag, das Wasser kühlt und lässt ihre Farben besonders strahlen. Es ist eine gute Zeit, sich gegenseitig aus seinem Leben zu erzählen«.*
Nun sind die Kinder eingestimmt, als Steine von ihrer Herkunft und ihren Abenteuern zu erzählen. Es wird spannend sein, was sich aus den Gesprächen entwickelt.

Geschichten

Gedanken dazu
Zum wichtigen Baustein in unserer religionspädagogischen Erziehung zählen Geschichten. Stein-Geschichten können schwer »im Magen« liegen, wenn sie nur gehört und nicht aufgearbeitet werden. Sie können aber auch hilfreiche Meilensteine für uns sein, die richtungsweisend unsere Entscheidungen beeinflussen. Erzählungen aus dem Alten und Neuen Testament sprechen von Steinen als Bauelement, Waffe, Gedenkstein, Opferstein und auch als Sinnbild für menschliches Verhalten (siehe Literaturhinweis, S. 83).

Erzählung von lebendigen Steinen

In einer berühmten Geschichte aus Sparta wird Folgendes erzählt:
Der König von Sparta hatte einmal einen anderen König bei sich zu Besuch. Bei einem Rundgang zeigte der König dem Gast alle Sehenswürdigkeiten der Stadt. Besonders stolz erzählte der König über die Stadtmauern von Sparta. Er brüstete sich, dass die Stadtmauern von Sparta unüberwindlich seien. Der königliche Gast interessierte sich für diese unüberwindlichen Stadtmauern.

eine Mauer aus lebendigen Steinen

Aber so sehr er sich auch bemühte, er konnte überhaupt keine Stadtmauern in Sparta sehen. In Sparta gab es nämlich tatsächlich keine Stadtmauern. Nach einiger Zeit fragte der Gast den König etwas verlegen: »Verzeih mir, lieber Freund, du hast eben von unüberwindlichen Stadtmauern gesprochen. Wo sind diese Stadtmauern? Denn so sehr ich mich auch anstrenge, ich kann keine Stadtmauern hier in Sparta sehen!« Da machte der König von Sparta eine Handbewegung und zeigte stolz auf seine Leibgarde. Dann sagte er: »Das hier sind die Mauern von Sparta! Jeder von ihnen ist ein lebendiger Stein in dieser Mauer!« *Winfried Blasig*

■ Die Aussage der Geschichte lässt sich mit dem Anliegen von Petrus verbinden, zu lebendigen Steinen der Gemeinde zu werden (1. Petr 2,4-6).
■ Das Lied »Gott baut ein Haus« (siehe S. 79) greift das Thema ebenfalls auf und wir singen es mit improvisierter Orff-Begleitung.

Bilder – Dias

Bilder präsentieren Steine meist als imposante Gebäude, Kirchen und Denkmäler, die Reichtum und Unvergänglichkeit symbolisieren und uns auch auf kleinen Ansichtskarten beeindrucken sollen. Denken wir nur an die Pyramiden als größte Steinbauten der Erde, erbaut vor über 4500 Jahren. Unsere Bewunderung gilt den Menschen, die den Stein mit Meisterhand für ihre Zwecke bearbeiten.
Bilder von Steinen in der Natur als Findlinge oder Bergmassiv dagegen machen uns deutlich, dass nie eine Menschenhand diese Werke schaffen könnte. Unsere Bewunderung gilt dem Schöpfer.

Betrachtungsmöglichkeiten

■ Die Bildbetrachtung mit Kindern greift beide oben genannten Sichtweisen auf. Dabei stellen sich Fragen: Wie können Steine sein? Was können sie für uns Menschen sein. Was können wir mit Steinen tun – wofür benützen wir sie?
Von Menschen geschaffene Bauwerke, Brükken, Skulpturen usw. geben uns Einblick in Lebensweisen und Kulturen anderer Länder und Epochen. Dabei wird nicht nur das Weltbild der Kinder erweitert, sondern wir haben die Möglichkeit, mit den Kindern den Zweck der Bauwerke und die Motivation der Menschen zu hinterfragen und mit unserer Lebenswelt zu vergleichen.
Wenn wir z.B. auf einem Friedhofsbild einen jüdischen *Grabstein* entdecken, auf dem viele kleine Steine liegen, so können wir den Kindern erzählen, dass das wandernde Volk Israel auf das Grab ihrer Toten einen Steinhügel häufte und heute jeder Besucher symbolisch einen Stein auf den Grabstein legt.
Bilder von Natur-Steinen wirken ohne unser Dazutun. Beim Betrachten lösen sie in uns Staunen und Erfurcht vor der Schöpfung aus, wecken aber auch die Sehnsucht nach reiner Natur.
■ ***Dias*** wirken interessant, wenn sie erst verschwommen projiziert werden und die Kinder raten, was es sein könnte. Es macht ihnen viel Spaß, wenn beim Schärfeeinstellen das Erratene deutlich wird.
Wir können konzentriertes Betrachten von Dias oder Bildern steigern durch *Singen* der passenden Lieder ohne Refrains (siehe S. 79f.).
Zur Vertiefung beim Betrachten eignet sich auch ein kurzer *Meditationstext* oder ein *Gebet.*

Zum Bild einer Brücke aus Stein

wir meditieren

Eine Brücke – sie ist aus Steinen gebaut. – Eng liegen die Steine aneinander. – Einer hält den anderen. – Alle zusammen sind eine Brücke. – Die Brücke überspannt ein Tal. – Sie verbindet Straßen miteinander. – Sie führt Menschen zusammen. Wo Menschen zueinander Brücken bauen, ist Gott bei ihnen. – Wo Menschen sich streiten, bröckeln Steine ab und die Brücke verliert ihren Halt. – Auch zu Gott wird sie zerstört. – Er aber baut zu den Menschen immer wieder eine Brücke.

Zum Bild von Kieselsteinen im Flussbett

wir beten

Lieber Gott,
manchmal denke ich, ich kann schon ganz gut zählen. Aber dieses sind so viele Steine, dass kein Mensch sie zählen kann. Vieles hast du gemacht, was man nicht zählen kann: alle Wassertropfen im Meer – alle Sandkörner – alle Steine – alle Sterne. So schön ist das alles, wie groß musst du sein!
Lieber Gott, du hast ganz bestimmt viel Kraft. Amen.

Lieder – Musik – Tanz

Manche Lieder können uns in bestimmten Lebenssituationen ansprechen und Bedeutung für uns gewinnen. Sie geben uns Hoffnung und ermutigen uns, Mauern zu überwinden und auf Gottes Hilfe zu vertrauen. Wir werden auch erinnert an unsere Berufung, als lebendige Steine Gottes ein festes Haus der Kirche zu sein. Schließlich fordern uns Lieder auch auf, mit dem ersten Schritt eine Brücke zur Verständigung aufzubauen.

Mit meinem Gott

2. Sieh dir nur mal den David an:
   Ein kleiner Bub, was fängt der schon an.
   Doch er vertraut, setzt alles ein,
   und er wird am Ende der Sieger sein.
3. Sieh dir Maria aus Magdala an: / So eine Frau, die hört man doch nicht an. / Doch morgens früh am dritten Tag / verkündet sie ein leeres Grab.
4. Sieh dir nur die Apostel an: / Einfach Menschen, so wie jedermann. / Sie haben Angst und sperr'n sich ein, / doch Gottes Geist reißt Mauern ein.

Text und Musik: Herbert Adam, Burgstr. 21, 67229 Laumersheim

■ Die Strophen des Liedes greifen den Inhalt der biblischen Geschichten von »David und Goliath« (1. Sam 17), Maria Magdalena am Ostermorgen (Mk 16,3) und dem Pfingstgeschehen (Apg 12,1) auf. Sie schildern, wie Menschen mit Gottes Hilfe Hindernisse überwinden konnten. Wer hilft mir, meine Hindernisse zu überwinden?
Am Schluss der Geschichte könnten die jeweiligen Strophen gesungen werden mit improvisierter Orff-Begleitung.
■ Der Refrain des Liedes kann immer dann eingesetzt werden, wenn es um Mutmachen, Völkerverbindung oder Verantwortung gegenüber der Schöpfung geht.

Gott baut ein Haus

2. Gott baut ein Haus, das lebt; / wir selber sind die Steine, / sind große und auch kleine, / du, ich und jeder Christ.

3. Gott baut ein Haus, das lebt, / aus ganz, ganz vielen Leuten, / die in verschiednen Zeiten / hörten von Jesus Christ.
4. Gott baut ein Haus, das lebt; / er sucht in allen Ländern, / die Menschen zu verändern, / wie's dafür passend ist.
5. Gott baut ein Haus, das lebt. / Er selbst weist dir die Stelle / in Ecke, Mauer, Schwelle, / da, wo du nötig bist.
6. Gott baut ein Haus, das lebt; / er gibt dir auch das Können, / lässt dir den Auftrag nennen, / damit du nützlich bist.
7. Gott baut ein Haus, das lebt. / Wir kennen seinen Namen / und wissen auch zusammen, / dass es die Kirche ist.

■ Zum kreativen Gestalten des Liedes bietet es sich an, je nach Anlass die einzelne Strophe zu besprechen und sie als Spielpantomime, Gemeinschaftsbild oder Collage darzustellen und so für die Kinder einen anschaulichen Bezug zum Text herzustellen.
Daraus könnte auch ein aussagekräftiger Zyklus »lebendige Steine Gottes« oder »Wir sind Kirche« entstehen.

Still, still ist der Stein

2. Dort am Straßenrand
Liegt der Stein still im Sand.
Still, still ist der Stein.
3. Ich nehm' ihn in die Hand
Und schau' ihn an und singe dann:
Still, still ist der Stein.
4. Etwas Schönes denk' ich mir,
Ich denk' an Gott – er ist bei mir.
Still, still ist der Stein.
5. Still, still soll man sein
Von Zeit zu Zeit, das ist so fein.
Still, still ist der Stein.

Text und Musik: Bohdan Hanushevsky
aus: Gott ist Licht – Kinderlieder zur Bibel, hrsg. vom Evang. Diakoniewerk Gallneukirchen, Gallneukirchen 1983

■ Dieses Lied lädt ein zum *Meditieren* eines Bildes mit einer Kerze in der Kreismitte und einem Stein in den Händen.

Tanzbeschreibung

■ Aufstellung im Kreis mit angefassten Händen, Tanzablauf im Kreis.
Strophe 1
Takt 1- 2 alle gehen zur Mitte und heben dabei die geschlossenen Hände zum Mittelpunkt.
Takt 3- 4 gehen rückwärts zum Ausgangspunkt und lassen die Hände sinken.
Takt 5 – 8 gehen paarweise angefasst in Kreisrichtung und halten die Arme dabei hoch wie zu einem Tor.
Strophe 2
Takt 1 – 4 Kinder stehen paarweise zueinander, ihre Arme bilden eine Brücke.
Takt 5 – 8 wie in Str. 1, bei Takt 5 mit der freien Hand Ausschau halten.
Strophe 3 wie Strophe 1.

Malen – Basteln – Gestalten

Schon in den ersten Kindergartentagen malt das Kind gerne und voller Stolz »sein« Haus, ohne dessen Symbolwert zu ahnen. Es drückt in der Bildsprache seine Sichtweise, seine Erlebnisse und Empfindungen aus. Das Kind kann uns im Bild seine Vorstellung genau erklären (z.B. Art des Hauses) im Gegensatz zum Wort, »Haus« das viele mögliche Hausformen beinhaltet. So kann es durch die Bildsprache auch Konflikte darstellen und sie dabei verarbeiten. Die Kinder einer Gruppe stehen auf verschiedenen Entwicklungsstufen der Bildsprache und wir geben jedem Kind individuell Zeit und Geduld für seine Ausdrucksphase.

Kreidezeichnung auf Stein

Material:
Schieferplatten (Reste vom Steinmetz) – Kreide.

So wird's gemacht:
■ Jedes Kind kann nach eigenen Vorstellungen auf die Schieferplatte zeichnen oder seinen Namen schreiben. (siehe Erzählung von Zacharias Lk 1,59-64)
■ Auf Schiefertafeln lassen sich gut Bilderrätsel malen, da nach dem Abwischen gleich weitergemalt werden kann.

Mein Erinnerungsstein

■ Der Erinnerungsstein soll uns gute Erfahrungen nicht vergessen lassen, die besonders in schwierigen Zeiten für uns Trost und Stütze sein können. Nach dem Bibeltext überlegen wir im Gespräch, wo es in unserem Leben gute Erfahrungen gibt, und jedes Kind wählt seine Darstellung selbst aus.
Auch zusammengesetzte Steine können für uns ein Erinnerungszeichen sein.

■ Ein Erinnerungsstein ist sicher auch ein schönes Danke-Geschenk des Kindes an die Eltern.

Schatzbeutel

Für unseren besonderen Kieselstein oder Edelstein nähen wir einen Beutel.

Material:
Weiches Leder, Samt oder Stoff ca. 20-24 cm Ø – Schere – dünne Kordel oder Band – dicke Stopfnadel – Lochzange.

So wird's gemacht:
Je nach Materialstärke des Leders oder Stoffes und der Steingröße wird ein Kreis ausgeschnitten.

wir hüten den Schatz

Beim Leder müssen mit Abstand zur Kante umlaufend Löcher gestanzt werden, beim Stoff können die Kinder die Kordel mit der Nadel selbst durchziehen.

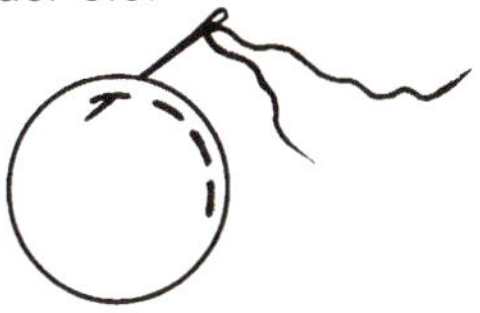

■ So kann das Kind seinen »Schatz« gut aufbewahren oder symbolisch für seine Wertschätzung einem anderen weiterschenken.
Anmerkung: Vor vielen Jahren schenkte mir der Kinderbuchautor Ali Mitgutsch seinen »Schmeichelstein«, einen glatten formschönen Kiesel in einem Ledersäckchen und ich hüte ihn bis heute.

Steine auf dem Weg der Eltern

Mit der Stein-Thematik können wir uns auch mit Eltern in einem Gruppennachmittag oder Elternabend kreativ auseinandersetzen.
Jeder hat auf seinem Lebensweg Steine, über die er stolpert, die ihn aufhalten, die ihn zu Fall bringen, die er vielleicht selbst gelegt hat.

wir räumen Steine aus dem Weg

Um diese Gedanken darzustellen, legen wir im Stuhlkreis einen Weg aus Seilen auf den Fußboden. Jeder schreibt seine Erfahrungen auf vorbereitete »Steine« aus grauem Papier und liest sie beim Hinlegen vor. Auf weiße »Steine« schreiben wir unsere guten Erfahrungen und legen sie als wichtige Erinnerungs- und Meilensteine entlang des Weges. Drücken wir Erfahrungen bildhaft aus, so können wir uns leichter verstehen, Probleme aufgreifen und Lösungen finden, wie wir besser mit Steinen auf unserem Weg umgehen.
Diese Überlegungen sind auch für die gemeinsamen Aufgaben von Eltern und Erziehern hilfreich.

Spiele

Auch im Spiel setzen wir uns durch ganzheitliches Erfahren mit Symbolen auseinander, die das Kind im Kindergartenalter als solche noch nicht erkennt. Geben wir ihm aber Anregungen, die seiner Entwicklung entsprechen, so wächst das Symbolverständnis und die Fähigkeit, dies auch sprachlich auszudrücken. Spiele sind dafür ein guter Rahmen, weil das Kind seine gemachten Erfahrungen hier wiederholen und so vertiefen kann.

Bewegungsspiel mit imitierten Geräuschen: Vom Haus auf dem Felsen

Die Geschichte vom klugen Mann, der sein Haus auf Fels baute, ist den Kindern bekannt (Mt 7,24-27).

■ Wir wollen sie nachspielen und stellen einen Tisch als Fels mit grauen Decken verkleidet in die Raummitte. Darauf »baut« der kluge Mann sein Haus aus vier Kindern. Der törichte Mann sucht eine Stelle im Sand und baut dort sein Haus auch aus vier Kindern. Die übrigen Kinder teilen sich auf in *Wasserfluten, Winde und Platzregen.* Als Wasserfluten bewegen je zwei Kinder ein blaues Tuch im Wellenrhythmus, die *Winde* imitieren ihre Geräusche mit schnellen Bewegungen von Plastikfolie und die Platzregengeräusche entstehen durch schnelles Trommeln auf dem Tisch mit flachen Händen. Während die Geschichte langsam vorgelesen wird, werden Pausen eingehalten für intensives Nachspielen.

ein kluger Mensch baut auf Stein

Erzählerin: *Ein Mann baute sein Haus auf einen Fels. Schon von weitem war es in der Ebene zu sehen und wirkte wie eine Festung, die nicht bezwungen werden kann. Der Fels bot ihm Schutz und Halt. Da stürzte ein Platzregen herab, der viele Tage anhielt, und das Wasser begann zu steigen. Die Wellen klatschten an den Felsen und umspülten den Stein. Die Winde bliesen und fegten um das Haus, Wellenberge türmten sich auf, aber das Haus stürzte nicht ein, denn es war auf Felsen gegründet.- Wie erging es dem Haus auf Sandboden? Als der Platzregen herabstürzte, Wasserfluten kamen und Winde bliesen, da stürzte das Haus ein, denn es hatte nur ein schwaches Fundament.*

Stilleübung
Eine Brücke aus Händen

wir sind miteinander verbunden

■ Wir sitzen im Kreis auf dem Fußboden und halten uns an den Händen. In der Mitte steht die brennende Jesuskerze. *Wir schließen die Augen und spüren doch ihren Schein. Wir sind nicht allein. Wir fühlen uns mit dem Licht verbunden. Wir fühlen uns mit dem Boden verbunden. Wir fühlen uns mit den Nachbarn verbunden und bilden mit unseren Händen eine durchgehende Brücke. Ich drücke die Hand meines Nachbarn. Dieser Händedruck wandert von einem zum anderen, gibt Wärme weiter, bis er zu mir zurückkommt.*

Gemeinde einbeziehen

Gemeindegottesdienst »Gottes Haus aus lebendigen Steinen«

Der Impuls für diesen Gottesdienst kam aus unserer Kindergartenarbeit, in der wir alle zusammengefügt sind mit unseren unterschiedlichsten Fähigkeiten und uns gegenseitig ertragen und Halt geben. Als lebendiger Baustein dieser Gemeinde wollten wir mit unserer »Baufreude« auch andere anstecken und vielleicht so manch lockeren »Stein« auf seinen Platz zurückholen.

In der Vorbereitung

Die Kinder bemalten Kartons mit eigenen Gesichtern, denen ihrer Eltern und mit Bildern, die unsere Gemeindegruppen darstellen (z.B. für Kirchenchor = einen Sänger). Auf einen größeren Karton malten die Kinder ein Bild von Jesus. In einer Nische des Altarraumes lagerten wir alle Kartons.
Für jeden Gottesdienstbesucher bereiteten wir einen »Baustein« zum Anheften vor, auf den er zum Gottesdienstbeginn seinen Namen schrieb.
Alle Lied- und Gebetstexte waren auf das Thema abgestimmt.

Beitrag der Kinder im Gottesdienst

Nach dem Einzug und der Begrüßung des Pastors spricht ein Schulkind ein *Gebet* vor und die Kindergartenkinder wiederholen jeden Satz.
Herr und Gott,
wir sind heute zu dir in die Kirche gekommen. Sie ist das Haus Gottes für die Menschen. Ihre Türe steht für jeden offen. Auch wir gehören zur Kirche. Wir dürfen hier zu Hause sein. Wir dürfen deine Nähe spüren. Wir können zu dir beten und gemeinsam Gottesdienst feiern. Amen.

In der *Lesung* (1. Petr 2,4-6) hören wir von Christus, dem Eckstein, und dass wir lebendige Steine eines geistigen Hauses seien.
Danach singen unsere Kinder die 7. Strophe des Liedes »Gott baut ein Haus«.
Sie bauten vor dem Altar eine Kirche aus den Gesichter-Kartons auf, wobei zuerst der Jesusstein als Grundstein gesetzt wurde.

Dazu sprach der Pastor von Christus als Eckstein in der Kirche und unserem Leben und brachte den Inhalt der Lesung mit unserem anschaulichen Bauwerk in Verbindung.
Zu allen Strophen des Liedes »Gott baut ein Haus« tanzten die Kinder einen Reigen um Altar und »Kirche«.
Beim Vater-unser fassten wir uns an und bildeten in den Bankreihen »lebendige Mauern« unserer Kirche.

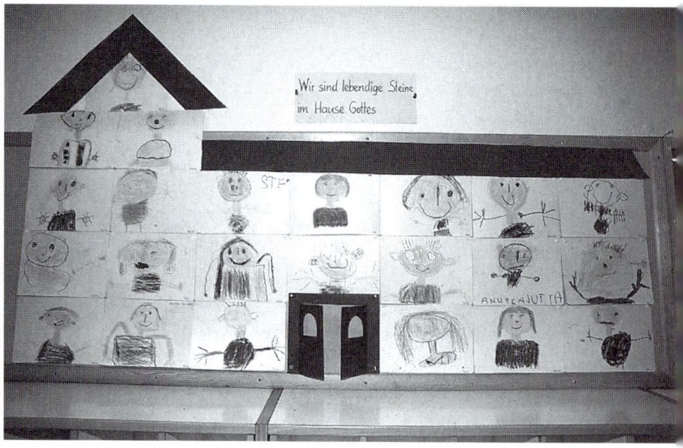

Hinweise zur Weiterarbeit: Steine

Beiträge aus WAS+WIE

Bezug zum Stein
1/79 Wir bauen unsere Kirche
1/80 Vom Turmbau zu Babel
3/84 Gebet – Steine
3/89 Gott baut ein Haus (Pfarrjubiläum)
2/92 Haus aus Menschen
1/93 Gedicht zur Grundsteinlegung
2/96 Von Bergen, Steinen und dem Grün in Gottes Schöpfung
2/96 Tibetanisches Märchen als spielbare Ballade

Lieder zum Stein
1/76 In meinem Haus, da wohne ich
3/77 Ein Mann und eine Frau
2/78 Mit Steinen kann man
1/79 Lasst uns singen
3/89 Gott baut ein Haus
3/93 Still ist der Stein

Weitere Literaturhinweise

H. Hoff, Die versteinerte Stadt (russisches Märchen), aus: Märchen erzählen und Märchen spielen, Freiburg 1989.
H. P. Thiel, Großes Erklär-mir-Lexikon, München 1980.
ders., Was ist das, Mineralien und Gesteine, Band 45, Nürnberg 1970.
T. Nijhuis, Afrikanische Kinderspiele, Wuppertal 1986.
W. Langer, Handbuch der Bibelarbeit, München 1987.

Bibeltexte zum Symbol Stein

Altes Testament
1. Mose 11
Sie machen Steine und bauen eine Stadt
1. Mose 8,10ff
Jakob stellte den Stein als Steinmal auf
1. Mose 28,18
2. Mose 23,24
Josua 4,4-8
So viele Steine, wie es Stämme der Israeliten gibt
Josua 19,50
Josua baute die Stadt wieder auf
1. Samuel 17
David besiegt den Feind mit Gottes Kraft
2. Samuel 22,2
Herr, du mein Fels, meine Burg, mein Retter
Psalm 40,3
Er stellte meine Füße auf den Fels
Psalm 104 Vers 8,9
Kohelet 3,5
eine Zeit, Steine zu sammeln, Steine zu werfen
Jesaja 28,16
Ich lege einen Grundstein in Zion
Jesaja 62,10
Baut eine Straße und räumt die Steine beiseite
Ezechiel 11,19
ich nehme das Herz aus Stein aus ihrer Brust

Neues Testament
Matthäus 7,24-27
Wie ein kluger Mann, der sein Haus auf Fels baut
Matthäus 7,9
Gibt jemand seinem Sohn einen Stein ...?
Markus 15,46
Er wälzte einen Stein vor den Eingang des Grabes
Markus 16,3f
Wer wälzt den Stein vom Eingang des Grabes weg
Johannes 8,7
Wer ohne Sünde ist, werfe den ersten Stein
Apostelgeschichte 7,54-60
Stephanus wird gesteinigt
Apostelgeschichte 12,1
Die Apostel beten hinter verschlossenen Mauern
Epheser 2,20
Jesus Christus, der Eckstein
1. Petrus 2,4-6
Gemeinde aus lebendigen Steinen

Bilder

Relindis Agethen, St. Nikolaus und das steinerne Herz, aus: Hubertus Halbfas, Religionsbuch 1. Schuljahr, Patmos Verlag Düsseldorf, 6. Auflage 1992.
Max Beckmann, Die große Brücke, Radierung 1922, Artbook international, Berghaus Verlag, Ramerding 1980.
Pieter Brueghel, Der Turm von Babel (1553)
ders., Turmbau zu Babel, aus: Diabücherei Christliche Kunst, Band 14, Verlag am Eschbach, Eschbach 1985.
Marc Chagall, Moses empfängt die Gesetzestafeln
ders., Jacobs Traum
Kees de Kort, Der Weg ist das versprochene Land, aus: Was uns die Bibel erzählt, Deutsche Bibelgesellschaft, Stuttgart 1990.
Hans Memling, Die Weisen aus dem Morgenland, Ausschnitt »Die Brücke«, aus: Diabücherei Christliche Kunst, Band 11, Verlag am Eschbach, Eschbach 1981.
Rembrandt, Die Heimkehr des verlorenen Sohnes, Stich von 1636
Martin Scharz, Der Turm von Babel, nach Brueghel d.Ä. 1974/75

Weg

»Ich kenne schon meinen Schulweg«, strahlt Anika, als sie am Montag in den Kindergarten kommt, und zeigt stolz eine Wegskizze zu ihrer neuen Schule. Am Wochenende bot die Schule für die zukünftigen Erstklässler ein Schulwegtraining an. »Ich weiß schon genau, dass ich an der Kreuzung rechts abbiegen muss. Meine Mama sagt aber, dass sie in der ersten Woche noch mitgehen will.«

Es gibt die unterschiedlichsten Wege: breite gepflasterte Straßen, auf denen die Autos nur so vorbeiflitzen und schmale beschwerliche Fußpfade, in die sich tiefe Spuren eingegraben haben. Viele Wege haben von Zeit zu Zeit Kreuzungen, an denen man sich entscheiden muss, welche Richtung man einschlagen will. Wenn man den richtigen Weg nicht kennt, kann man sich verlaufen und sein Ziel verfehlen. Darum sind an Kreuzungen Wegweiser angebracht, die uns sagen, wohin der Weg führt und wie weit wir noch vom Ziel entfernt sind. Auf einem unbekannten Weg ist es am besten, jemand bei sich zu haben, der den Weg schon kennt.

Wenn wir einem älteren Menschen zum Geburtstag gratulieren, dann sagen wir oft, dass er einen langen Lebensweg hinter sich habe, und wenn ein Kind geboren wird, sprechen wir davon, dass sein Lebensweg noch ungewiss sei. Das Leben selbst ist also wie ein Weg: Täglich gehen wir einen Schritt weiter, täglich erleben wir Neues. Wie ein steiler Weg kann das Leben beschwerlich sein, wenn es durch Not und Kummer oder Arbeit und Mühe geprägt ist. Das Leben kann aber auch voller Glück sein, so, als wenn man im Sommer leicht über eine grüne Wiese tobt. Man kann sich aber auch täuschen: Manchmal führt der bequeme Weg nicht zum Ziel. Wer zu bequem ist, Steine aus dem Weg zu räumen, wird eines Tages darüber stolpern.

Wenn man im Wald wandert, gerät man auch schon einmal auf einen Weg, der kein Ziel hat. Er endet zwischen Bäumen oder mitten im Gestrüpp. Solche Wege hat man angelegt, um Holz aus dem Wald abfahren zu können. Sie sind nützlich zur Holzabfuhr, doch Wanderer führen sie in die Irre. Man nennt sie Holzwege. Wer sich auf einem Holzwege befindet, sollte schleunigst wieder umkehren, sonst wird er sich verlaufen.

Im Neuen Testament wird solche Umkehr Buße genannt und die Abkehr vom falschen Wege Bekehrung. In einer Predigt fordert Petrus Menschen dazu auf, nachdem sie gesehen haben, dass Gottes Geist am Werke war: »So tut nun Buße und bekehrt euch!« (Apostelgeschichte 3,19). Er hätte auch sagen können: »Kehrt auf eurem Holzweg um und geht in die richtige Richtung!«

In der Botschaft des Neuen Testaments ist davon die Rede, dass der richtige Weg in der Nachfolge Jesu Christi zu finden ist. Als Jesus die Fischer am Galiläischen Meer zu sich rief, forderte er sie auf: »Folgt mir nach!« (Matthäus 4,19), und dann wird berichtet, dass sie ihre Netze liegen ließen und ihm folgten auf seinem Weg.

Einige Tage vor seiner Kreuzigung rief Jesus seine Jünger zusammen, um ihnen ein Vermächtnis zu hinterlassen. Da sagte er zu denen, die ihm von Anfang an nachgefolgt waren auf seinem Wege: »Ich bin der Weg, die Wahrheit und das Leben« (Johannes 14,6). Wer den richtigen Lebensweg sucht, um Wahrheit und Leben zu finden, wird ihn im Glauben an Jesus Christus entdecken. Jesus Christus ist Weg und Ziel zugleich.

Vom Erleben zum Verstehen des Symbols

Mein Leben – ein Weg – wird vom Kind schon nach der Geburt erfahren, denn Leben bedeutet Bewegung. Beweglichkeit ist Voraussetzung für seine Entwicklung und prägt den Lebensweg bis ins hohe Alter.
Sich bewegen kann man auf der Stelle, aber dabei vorwärts kommen lernt das Kind durch seine ersten kleinen Schritte, die es unentwegt übt und mit denen es auf ein Ziel zusteuert.
Die Eltern wollen ihm Verletzungen ersparen, indem sie alle Hindernisse beiseite räumen und es von Gefahrenzonen wegholen. Der Bewegungs- und Entdeckungsdrang des Kindes aber setzt sich über Vorsichtsmaßnahmen hinweg, es geht am liebsten seine eigenen Wege. Jeder Schritt vorwärts bedeutet entdecken, erfahren, sammeln und damit wachsen für weitere Anforderungen.
Wir können ihm Wegbegleiter sein von einem Lebensabschnitt zum anderen, wobei wir ihm die nötigen Ruhepausen zum Verarbeiten seiner Erlebnisse einräumen sollten.
Kinder streben keine Fernziele an, sondern haben noch die Fähigkeit, den Moment zu genießen, Kleinigkeiten zu bemerken und sich darüber zu freuen.

Es war am Ende des ersten Schuljahres, und Andreas durfte seit einigen Tagen mit dem neuen Fahrrad alleine nach Hause fahren. Die gewohnte Zeit fürs Mittagessen war schon längst überschritten und die Mutter machte sich zunehmend Sorgen, weil Andreas nicht heimkam. Schließlich fragte sie auch bei der Nachbarin nach. Frau Holz erzählte, dass sie den Jungen in der Seitenstraße gesehen hätte. Die Mutter machte sich sofort auf den Weg und fand Andreas, wie er auf dem Bürgersteig hockte und sich mit einer Schnecke beschäftigte. Das Fahrrad hatte er am Zaun abgestellt. Aufgeregt versuchte er die Mutter zu überzeugen, wie wichtig sein »Einsatz« hier war.
»Als ich mein Rad über die Straße schob, sah ich die kleine Schnecke, die auch rüber wollte. Ich hab ihr dabei zugesehen, wie sie um die Steinchen herumkroch, aber sie kam nur langsam voran. Von weitem kam ein Auto und ich wollte doch nicht, dass die Schnecke überfahren wird. Da hab ich sie schnell aufgehoben und auf den Fußweg gesetzt.
Sie kriecht jetzt auf das Grasbüschel zu – hier kann ihr ja nichts mehr passieren!«
Andreas schien mit sich und der Umwelt in vollem Gleichklang. Was konnte ich als Mutter da noch einwenden?

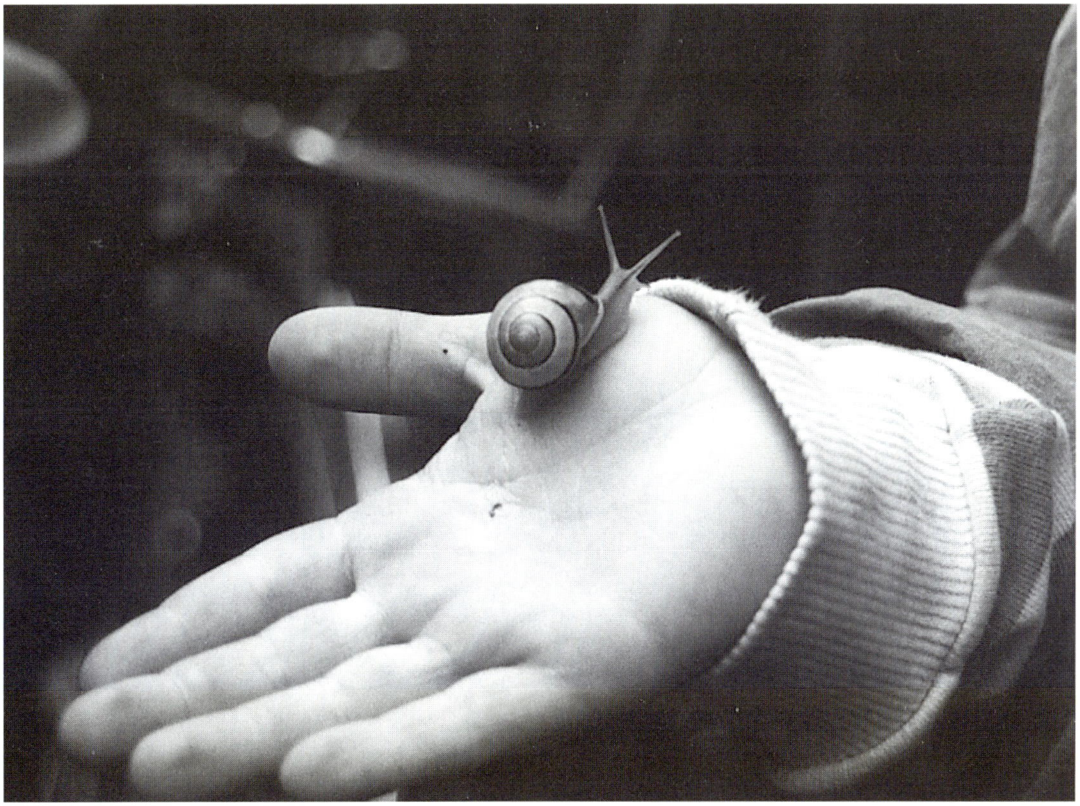

Teil I
Wahrnehmung sensibilisieren

Sobald das Kind auf seinen Füßen stehen kann, »macht es sich auf den Weg«, entdeckt seine nähere Umgebung und kehrt gerne wieder zurück in seine vertraute Welt. Mit dem Weggehen beginnt zwar die Entwicklung der Loslösung, doch das junge Kind strebt keine Fernziele an, sondern sammelt Erfahrungen und Eindrücke unmittelbar neben sich, direkt am Wegrand. In seinem Mikrokosmos muss es alles neu entdecken und dafür braucht es Zeit.

Wegerfahrungen in der Natur

Sinnesweg für die Füße

■ Bei warmem Wetter erkunden wir barfuß das Kindergartengelände. Unsere Fußsohlen ertasten dabei verschiedene Bodenbeläge und Wegstrukturen.

was meine Füße fühlen

Wir fühlen Wiese, weiche Moose, Sand, Granitfläche, kühle oder von der Sonne aufgeheizte Gehwegplatten, gewässerte Erde als »Sumpf«, eine gemulchte Fläche und Kiesweg. Zusätzliche Hilfsmittel wie Bretter und Balken zum Balancieren, Plastikfolie und in Abständen gelegte Ziegelsteine machen die Wegerfahrungen noch reizvoller.

Wichtige Erfahrungen der Kinder:

- Die verschiedenen Materialien fühlen sich unterschiedlich an.
- Das Fühlen wird angenehm oder unangenehm empfunden.
- Hindernisse werden überwunden.
- Körperbewegungen werden den Hindernissen angepasst.
- Bewältigte Abschnitte stärken das Selbstbewusstsein.

Ein Ausflug in die Umgebung

■ Unser Ziel ist etwa 15 Gehminuten vom Kindergarten entfernt. Mit einem Korb für »Schätze am Wegrand« ausgerüstet gehen wir durch ein paar Wohnstraßen. Die Fußwege an den Gartenzäunen entlang sind geteert und reizen die Kinder nicht zum Stehenbleiben. Erst der kläffende Hund an der Gartenpforte erregt ihre Aufmerksamkeit. Der Weg gabelt sich und wir entscheiden uns, dass wir auf dem schmalen Gratweg durchs Wäldchen wollen. Er ist verlockend, denn er führt am Kamm einer Schlucht entlang und man kann von oben den schmalen Pfad in der Schlucht übersehen. Wir halten Augen und Ohren offen, sammeln Wichtiges in den Korb und müssen uns öfter an Weggabelungen für eine Richtung entscheiden. Nun hören wir Wassergeräusche und gelangen auf einem abschüssigen Weg zum Flusslauf. Hier verweilen wir, entdecken vieles, sammeln und kehren auf einem anderen Weg in den Kindergarten zurück.

entdecken und staunen

Wichtige Erfahrungen der Kinder:

- Alle Sinne werden aktiviert.
- Neue Wege werden kennen gelernt.
- Die Wegbeschaffenheit ist sehr unterschiedlich.
- Am Wegrand gibt es viel zu entdecken.
- Ein langer Weg erscheint in der Gemeinschaft kürzer.
- Die Weggabelung fordert eine Entscheidung.
- Die Entscheidung bei Wegkreuzungen fällt gemeinsam leichter.
- Bisher gemachte Wegerfahrungen werden mit den neuen verglichen.
- Jeder macht »seine« Wegerfahrungen.
- Jeder setzt bei der Bewertung andere Maßstäbe.
- Gemeinsam erlebte Wege nehmen Ängste und machen Freude.
- Ein bewältigter Weg stärkt das Selbstvertrauen.

was ich gefunden habe

■ Die gesammelte »Auslese« des Korbinhaltes wird ausgebreitet und gemeinsam betrachtet. Jedes Kind benennt seinen Fund und kann darüber berichten, warum es diesen Gegenstand mitnehmen wollte.

Wichtige Erfahrungen der Kinder:
- Die Schöpfung ist vielfältig und ruft Staunen hervor.
- Wache Sinne lassen intensiver erleben.
- Jedem ist etwas Bestimmtes wichtig.
- Neue Begriffe werden gelernt.
- Dinge haben verschiedene Eigenschaften.

Erkunden der näheren Umgebung

■ Viele Kinder kennen die Umgebung des Kindergartens nur aus der Sicht des Mitfahrers aus dem Auto heraus.

■ Deshalb ist es unser Ziel, die Wege als Fußgänger intensiver zu erfahren. Wir packen einen Zeichenblock ein, um während des Spazierganges die begangenen Straßen und Wegkreuzungen aufzuzeichnen. Außerdem nehmen wir einen Fotoapparat mit, um den Kindergarten als Ausgangspunkt zu fotografieren und unterwegs auch Geschäfte, Post und Polizei usw. aufzunehmen. Daraus soll in den nächsten Tagen ein Umgebungsplan entstehen. Viele Kinder machen dabei neue Erfahrungen.

Wegerfahrungen im Raum

Eigene Wege bestimmen und gehen

■ Die Kinder gehen barfuß durch den Raum, ohne einander anzustoßen. Dazu kann leise Musik gespielt werden.

seinen eigenen Weg gehen

■ Die Musik wird gestoppt und nun kann jedes Kind als sein gedachtes Lieblingstier durch den Raum hüpfen, kriechen, hoppeln, galoppieren, schleichen usw., ohne das andere »Tier« zu berühren. Begegnen sich die »Tiere«, so unterhalten sie sich auf ihre Weise, bevor jedes weiterzieht.

eine Spur terlassen

■ Die Kinder denken sich einen Weg aus und kennzeichnen ihn mit ihrer individuellen Spur quer durch den Raum, sodass sich die Wege kreuzen, aber manchmal auch parallel zueinander verlaufen.

■ Bei 15 Kindern z.B. müsste Material für 15 verschiedene »Spuren« vorbereitet sein, sodass der eine seine Spur mit roten Kreisen legt, der andere mit gelben Quadraten, der nächste mit gleich langen Holzstäben usw. Vielleicht reizt es manche Kinder, in ihre Wegstrecke Hindernisse einzubauen.

Wichtige Erfahrungen der Kinder:
- Der Raum kann erfahren werden.
- Spaß an der Bewegung haben.
- Sich in ein Tier imaginieren.
- Sich als Tier ausdrücken.
- Phantasie und Möglichkeiten für individuelles Gestalten haben.
- Eigene Individualität erfahren.

Sich führen lassen und folgen

■ Die Kinder gehen durch den Raum in verschiedenen Gehweisen und unterschiedlichem Schritttempo, wobei Stopp-Signale zwischendurch zu neuen Varianten aufrufen.

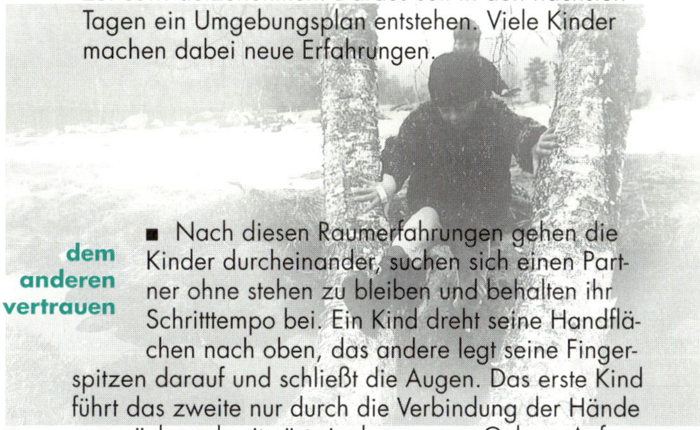

dem anderen vertrauen

■ Nach diesen Raumerfahrungen gehen die Kinder durcheinander, suchen sich einen Partner ohne stehen zu bleiben und behalten ihr Schritttempo bei. Ein Kind dreht seine Handflächen nach oben, das andere legt seine Fingerspitzen darauf und schließt die Augen. Das erste Kind führt das zweite nur durch die Verbindung der Hände vor-, rück- und seitwärts im langsamen Gehen. Auf Zuruf wird die Führung gewechselt.

sich führen lassen

■ Im Partnerspiel legen die zueinander gehörenden Kinder zwei Flachstäbe auf die Fingerspitzen (Handfläche nach oben). Sie sind durch die Stäbe miteinander verbunden und das geführte Kind schließt die Augen. Es wird vorsichtig durch den Raum geführt.

■ Ein Kind führt mit den Stäben zwei andere Kinder, mit jeder Hand eines.

Wichtige Erfahrungen der Kinder;
- Der Spielpartner kann selbst gewählt werden.
- Die Hinwendung zum anderen muss stumm und konzentriert verlaufen.
- Kontinuierliches und auch schnelles Reagieren wird abverlangt.
- Dem Rhythmus des anderen muss sich angepasst werden.

Eltern erfahren selbst

■ Der Abschnitt »Sich führen lassen und folgen« ist sehr gut einzusetzen als Kontakt-Spiel für einen Eltern-Gruppennachmittag oder Elternabend.

Durch eigenes Erleben wird den Eltern deutlich, wie wichtig die sensible Wahrnehmung für ihr Kind ist und wie prägend diese Erfahrungen für die Persönlichkeitsbildung und das soziale Verhalten sind.

Teil 2

Erfahrungen von der Wirklichkeitsebene auf die Symbolebene übertragen

Gespräche

Gespräche in der Gruppe über Wegerfahrungen

■ Jedes Kind verfügt bereits über einen großen Erfahrungsschatz zum Thema Weg. Die Kinder drängt es, ihre Erlebnisse mitzuteilen, und sie unterstreichen durch Mimik und Gestik besondere Eindrücke.

miteinander sprechen

Pflaster auf Ellenbogen oder Knien sind Beweisstücke, die negative Erlebnisse verdeutlichen und Anteilnahme wecken.

was ich erlebt habe

Wir hören dem Kind beim Erzählen aufmerksam zu und werden bemerken, dass die Entfernung der Wegstrecke keinerlei Einfluss hat auf die Intensität der empfundenen Erlebnisse. Entscheidend sind die Erfahrungen: Was habe ich auf dem Weg erlebt? – War ich allein oder wurde ich begleitet? – Was hat mein Begleiter für mich getan?

wer hat mich begleitet?

Viele Bibelstellen greifen diese Fragen auf und können dem Kind Hilfe sein, wie die Geschichte von Tobias, der vom Engel begleitet wurde (Tobit 5,1-17), oder die Jünger von Emmaus, die Jesus begleitet hatte (Lukas 24,13-35).
Im Unterwegssein wird jeweils auch Gott erfahren. Wegerfahrung und Gotteserfahrung verbinden sich. Gott ist immer dabei, er geht immer mit.

Ideenbörse Weg

■ Als Hilfe zur eigenen Vorbereitung oder zur Vorbereitung im Team ist die Ideenbörse gedacht.

wir sammeln

Alle Wortpaare in der Zusammensetzung mit Weg werden auf Karten aufgeschrieben und vorgelesen. Anschließend werden die Einfälle geordnet nach Kriterien der Zusammengehörigkeit, des Gegensätzlichen, des Positiven oder Negativen.

viele Wege sind möglich

■ In der Praxis mit den Kindern schreiben wir die Einfälle ebenfalls auf Karten. Im Stuhlkreis werden dann erst einige Begriffe vorgelesen, die eine »neutrale« Aussage haben, wie Lebensweg, Schulweg, Glaubensweg usw. und in einer Linie hintereinander auf den Fußboden gelegt. Kommen Begriffe wie Irrweg oder Wallfahrtsweg, so legen wir die Karten nach dem negativen oder positiven Eindruck der Kinder zu einer linken oder rechten Wegabzweigung.
Vielleicht entdecken die Kinder in der Form ein Kreuz. Wenn es sich einrichten lässt, lassen wir den Weg die nächsten Tage liegen.

			Weglänge			
			Unterwegs			
Umweg	Weggang	Warnkreuz	Bewegung	Pilgerweg	Weggemeinschaft	Wegbereiter
Wegzoll	Leidensweg	Kreuzweg	Weggabelung	Heilsweg	Weggefährte	Wegweiser
Irrweg	Gratwanderung	Holzweg	Wegkreuzung	Weggeleit	Wallfahrtsweg	Ausweg
			Wegstrecke			
			Weggeschichte			
			Glaubensweg			
			Schulweg			
			Lebensweg			

Was begegnet uns auf dem Weg?

■ Unser Gespräch knüpft an die vorausgegangene »Ideenbörse Weg« an.
Wir sitzen im Stuhlkreis um den gelegten Weg, der sich aus Karten mit Wegbegriffen zusammensetzt und die Form eines Kreuzes hat (Ergebnis des vorherigen Abschnitts). Auf einem nebenstehenden Materialtisch liegen möglichst viele Symbole für die Wegbegriffe. Gemeinsam machen wir uns »auf den Weg« und beginnen wie beim letzten Mal.

mit Symbolen deutlich machen

Die Karte wird vorgelesen und die Kinder können dazu ihre Erlebnisse oder Eindrücke schildern. Durch den Impuls, ein dazu passendes Symbol auszusuchen und auf die Karte zu legen, lernen die Kinder spielerisch mit Symbol-

bedeutung umzugehen. Vielleicht sucht ein Kind bei »Weggeschichten« eine Bibel oder ein Märchenbuch heraus, bei »Glaubensweg« eine Kerze oder ein Schälchen Wasser, bei »Leidensweg« ein Taschentuch oder ein Bild von einem Kranken, bei »Wegweiser« einen Stadtplan usw. Die Wegkreuzung fordert von uns eine Entscheidung, welche Richtung wir nun einschlagen wollen. Dabei werden wir bereichernde, aber auch gefährliche Begegnungen haben.
Auf den Entscheidungspunkt unseres Weges stellen wir eine brennende Kerze, die für Jesus steht, der unseren Weg beleuchtet und uns begleitet.

Geschichten

Der Zugang zur Wegsymbolik wird erleichtert durch Geschichten über Menschen in schwierigen Entscheidungsphasen, in Zeiten der Trauer, Verzweiflung, aber auch der Freude und Zuversicht. Das trifft nicht nur für Erwachsene, sondern auch für Kinder zu. Wir sind zwar alle miteinander auf dem Lebensweg, aber wir sind es nicht in der gleichen Weise. So war es den Eltern von Beginn an ein existenzielles Anliegen, der nachfolgenden Generation ihre Wegerfahrungen und Ziele zu überliefern.

Die Geschichte vom alten Straßenkehrer Beppo

Beppo kehrte täglich die schmutzige Straße und tat seine Arbeit gern und gründlich. Bei jedem Schritt machte er einen Atemzug und bei jedem Atemzug einen Besenstrich. Dabei kamen ihm oft große Gedanken. Nach der Arbeit saß er bei seiner kleinen Freundin Momo, und da sie besonders gut zuhören konnte, verriet er ihr sein Geheimnis:

mit kleinen Schritten ans Ziel kommen

Es ist so: Manchmal hat man eine sehr lange Straße vor sich. Man denkt, die ist so schrecklich lang; das kann man niemals schaffen, denkt man. Und dann fängt man an, sich zu eilen. Und man eilt sich immer mehr. Jedesmal, wenn man aufblickt, sieht man, dass es gar nicht weniger wird, was noch vor einem liegt. Und man strengt sich noch mehr an, man kriegt es mit der Angst, und zum Schluss ist man ganz außer Puste und kann nicht mehr. Und die Straße liegt immer noch vor einem. So darf man es nicht machen.
Man darf nie an die ganze Straße auf einmal denken, verstehst du? Man darf nur an den nächsten Schritt denken, an den nächsten Atemzug, an den nächsten Besenstrich. Und immer wieder nur an den nächsten. Dann macht es Freude; das ist wichtig, dann macht man seine Sache gut. Und so soll es sein. Auf einmal merkt man, dass man Schritt für Schritt die ganze Straße gemacht hat. Man hat gar nicht gemerkt wie, und man ist nicht außer Puste. Das ist wichtig.

Michael Ende (frei nacherzählt)
Vorlesezeit: 2 Min.

Die Erzählung vom Blumenteppich

Zwei Mönche lebten im Tal des Himalaja. Jeder bewohnte eine eigene Hütte und widmete sich seinen frommen Übungen. Sie lasen die Heiligen Schriften, schwiegen die ganze Zeit und sprachen nicht miteinander. Denn keiner besuchte den anderen. Aber viele andere Menschen kamen zu den beiden frommen Mönchen und staunten über ihren strengen Lebensstil und ihre Heiligkeit. Eines Tages kam Gott zu einem von ihnen und fragte nach dem Weg, der zum anderen führte. »Den Weg zum anderen weiß ich nicht«, gab dieser zur Antwort. Da ging Gott traurig zum Himmel zurück.

den Weg zum anderen meiden

Nach Jahren starben diese heiligen Mönche und ihre Hütten blieben verwaist. Eines Tages zogen zwei Pelzjäger in die beiden Hütten ein. Sie machten einen Weg, um die Hütten zu verbinden und sich täglich besuchen zu können. Gott kam wieder herab und sah zu seinem Erstaunen einen Weg zwischen den beiden Hütten. Voll Freude wandelte er von einer Hütte zur anderen, und als er weggegangen war, wuchs ein herrlicher Blumenteppich auf den Spuren seiner Schritte.

den Weg zum anderen suchen

Martin Ebner / Stefan Mai »Der zweite Himmel«

Möge die Straße dir entgegeneilen,
möge der Wind immer in deinem Rücken sein.
Möge die Sonne warm auf dein Gesicht scheinen
und der Regen sanft auf deine Felder fallen.
Und bis wir uns wiedersehen,
halte Gott dich im Frieden seiner Hand.

Irischer Reisesegen

Bilder

Beim Vorlesen von Geschichten fragen Kinder oft: »Zeigst du mir das Bild?« Neugierig vergleicht das Kind, ob sich die eigene Vorstellung mit den Bildern zur Erzählung deckt. Bilder von Weggeschichten lassen das Kind teilhaben an der Lebenssituation eines anderen. Dabei entdeckt das Kind eventuell Parallelen zur eigenen Situation oder wird in eine ihm unbekannte Welt eingeführt.

Bilder von Wegen, die wir kennen

■ Aus Zeitschriften und Magazinen schneiden wir Fotos aus von unterschiedlichsten Wegen:

jeder Weg ist anders

- Wege zu Häusern
- Straßen – Autobahnen
- Schienen
- Feldwege
- Bergwege
- Strandwege

und kleben sie zu einer Collage.
Bei der anschließenden Bildbetrachtung finden die Kinder sicher eigene Assoziationen dazu, und wir achten darauf, dass jedes Kind zu Wort kommt.

Holz und seine Bedeutung auf Jesu Lebensweg

Ein Vers kann uns einstimmen:
Aus Holz wird vielerlei gebaut,
aus Holz kann mancherlei entstehn:
bald grausam hart, bald hell und schön,
an Jesu Weg kann man es seh´n ...

■ Wenn wir dieses Bild stark vergrößern und mit den Kindern betrachten, so kommt dem Holz im Leben Jesu eine besondere Bedeutung zu.

Jesus geht seinen Weg

Vom Stall in Bethlehem führen Fußspuren nach Nazareth zur Zimmermannswerkstatt des Josef, dann größer werdende Spuren vorbei an Hecken und Zäunen durch Türen zu Menschen, auf die andere mit Fingern zeigten und die sich verlassen und ausgestoßen fühlten. Dann fuhr Jesus mit seinen Jüngern in einem Boot, feierte mit vielen Tischgemeinschaft, musste die Dornenkrone tragen und das Kreuz schleppen, schließlich daran sterben. Aber Gott ist Leben: Hinter dem Kreuz geht die Ostersonne auf. Die Spuren vieler Menschen führen in alle Himmelsrichtungen, wohin sie die Botschaft des lebendigen Christus tragen.

Diese Bildgeschichte sollte nicht am Stück gesehen werden, sondern Tag für Tag kann ein weiterer Abschnitt betrachtet und erarbeitet werden.

■ Eine reiche Auswahl von *Bilderbüchern* ermöglicht es, die Wegthematik unter verschiedenen Aspekten zu beleuchten.

Lieder – Tanz – Musik

Lied und Tanz bieten dem Kind die Möglichkeit, seine Wegerfahrungen auszudrücken. Auf Wegen kann man vor Freude hüpfen, man kann laufen, rennen, langsamer werden und Pause machen. All das lässt sich auch in Musik umsetzen und ausdrücken. Befreiend wirkt oft das Lied nach einer Geschichte oder Bildbetrachtung, aber es kann auch Abläufe ordnen und Aussagen vertiefen.

Wir sehen viele Wege

2. Wir gehen viele Wege
und müssen auch weitergehn.
Wir folgen vielen Worten,
auch wenn wir nichts verstehn.
Zeig uns, Herr, den rechten Weg …

3. Wir sehen viele Wege,
doch einen müssen wir gehn!
Wir hören viele Worte,
nur Eines bleibt bestehn!
Zeig uns, Herr, den rechten Weg …

Musik: Walter Ritter, Text: Kurt Rommel,

Der Gang nach Emmaus

Zwei Jünger sind unterwegs von Jerusalem nach Emmaus.

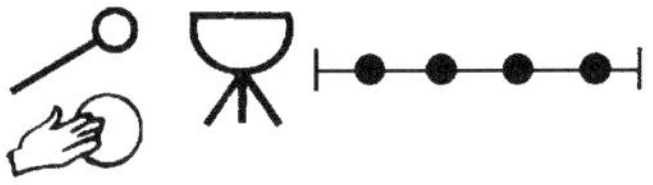

auf Pauke und Handtrommel mit Filzschlägel einige laute Töne anschlagen

Sie sind traurig und ängstlich, weil Jesus gekreuzigt wurde, und sie fühlen sich allein gelassen.

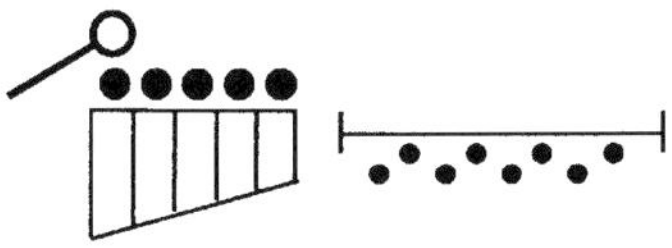

auf Xylophon laute Töne auf unterer Hälfte anschlagen

Plötzlich gesellt sich jemand zu ihnen

Triangel anschlagen und ausklingen lassen

und fragt, warum sie traurig seien.

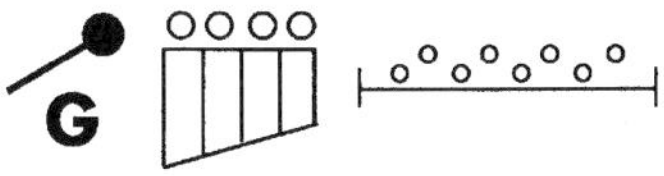

laute Töne mit Hartkopfschlägel auf oberer Hälfte anschlagen

Die Jünger erzählen, dass sie über Jesu Tod sehr traurig sind.

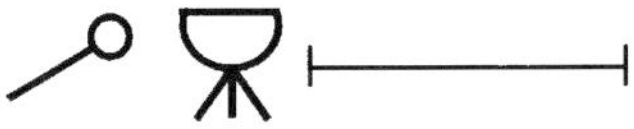

Paukenwirbel mit Filzschlägel

Als es dunkel wird, bitten die Jünger ihren Begleiter, bei ihnen

laute/leise Töne mit Klangstäbchen erzeugen

zu bleiben und mit ihnen zu Abend zu essen. Sie sagen:

Gemurmel der Kinder

»Bleib doch bei uns; denn es wird bald Abend, der Tag hat sich schon geneigt.«

laute/mittlere/leise Töne mit Weinglas erzeugen

Da ging er mit hinein, um bei ihnen zu bleiben. Und als er mit ihnen bei Tisch war, nahm er das Brot, sprach den Lobpreis, brach das Brot und gab es ihnen. Da gingen ihnen die Augen auf und sie erkannten ihn; dann sahen sie ihn nicht mehr.

leiser werden

Vor Freude, dass Jesus nicht tot ist, sondern lebt, kehren sie nach Jerusalem zurück, um diese frohe Botschaft den anderen Jüngern mitzuteilen.

Hier können die Kinder mit allem, was Klang erzeugt, individuell ihre Freude zum Ausdruck bringen.

Geht nun in Frieden

■ Wie ein *Dankgebet* kann dieses Lied als Kehrvers und auch als Kanon nach Weggeschichten und Gruppenerlebnissen gesungen werden.

Aus Afrika (mündlich überliefert)

Das Labyrinth von Chartres
(Durchmesser 12,87 m; Weglänge ca. 250 m)

Der Weg führt nach innen

der stille Weg

■ Vorausgehend ist eine Bildbetrachtung des berühmten Fußbodenlabyrinths aus der Kathedrale von Chartres. Ein stark vereinfachtes Labyrinth aus Seilen liegt auf dem Fußboden. Zu leiser Musik im 4/4-Takt tanzen die Kinder (evtl. im »Pilgerschritt«) zur Mitte, um von dort eine bereitstehende Kerze zu holen.

Pilgertanz

■ Dieser Tanz eignet sich für jedes ruhige Lied im 4/4-Takt.
Die Kinder stehen in einer Reihe hintereinander und legen ihre rechte Hand auf die linke Schulter des Vorgängers. Zur Musik gehen die Kinder rechts vor, links vor, Wiegeschritt rechts vor (Gewicht darauf verlagern) – links zurück (Gewicht darauf verlagern).

Polonaise

■ Dieser Tanz ist auch unter dem Namen Quadrille bekannt und wird paarweise zur Musik im 4/4-Takt getanzt, wobei unterschiedliche Figuren gebildet werden.

Malen – Basteln – Gestalten

Nach einem Spaziergang oder einer Geschichtenerzählung setzen sich die Kinder gerne zum Malen, um das loszuwerden, was sie bewegt, oder das festzuhalten, was sie beeindruckt. Sie haben keine Probleme, biblische Geschichten aus dem fremden Kulturkreis in ihre vertraute Welt aufzunehmen und sie so darzustellen.

In dieser Straße wohne ich

Material:
Papier – Wachsmalstifte.

So wird´s gemacht

die Straße erkennen

■ Jedes Kind malt seine Straße, in der es wohnt, sein Haus und alle Details, die ihm wichtig sind. Um zu einer sensiblen Beobachtung hinzuführen, könnte die Frage gestellt werden: Kennst du den Namen deiner Straße? Hast du dich schon mal verlaufen? Woran kannst du deine Straße und den Weg zu deinem Haus erkennen? (Orientierungsmerkmale)

Den Weg zur Mitte suchen

Material:
Vergrößerte Kopie des Labyrinths von Chartres für jedes Kind. Buntstifte (keine Filzstifte, da nicht korrigierbar).

So wird's gemacht
- Das Kind »geht« mit dem Buntstift den Weg des Labyrinths vom Eingang bis zur Mitte. Dann wäre zu überlegen, ob und was in die Mitte gemalt werden könnte.

Jesus begegnet Menschen am Rand der Straße

Material:
Papier – Wasserfarben – Pinsel – Wachsmalkreiden – Klebestift.

So wird's gemacht
■ Die Kinder malen in beliebiger Technik Bilder auf gleich große Papierbögen zum Thema, wo Jesus sich Menschen aus Randgruppen zuwendet:

Jesus liebt kleine Leute

Jesus segnet die Kinder	Lk 18,15-12
Heilung des Gelähmten	Mk 2,1-12
Heilung des Bartimäus	Lk 18,35-43
Einkehr des Zachäus	Lk 19,1-10

Die Geschichten sollten in vier Schrittfolgen gemalt werden. Die fertigen Bilder werden aneinandergeklebt (1 cm überlappen) und zu einem *Leporello* gefaltet.

Figurenspiel »Der Gang nach Emmaus« Lk 24,13-35

Material:
Pappe – Schere – Stifte – Stäbe – Kreppband – Diaprojektor – Leinwand.

So wird's gemacht
■ Vorausgegangen ist die Erzählung der Emmaus-Jünger und der Begegnung Jesu.

die Geschichte wird lebendig

Wenn wir die Kurzfassung der Geschichte im Abschnitt »Lieder« auf Seite 91 zugrunde legen, benötigen wir: Jesus, zwei Jünger, Haus, Tisch mit Brotschale. Bei der Originalfassung nach Lk 24,13-35 ist es ratsam, mit den Kindern die Anzahl der Figuren abzusprechen, denn sie ist umfangreicher und zeitaufwendiger.

- Jede Figur wird auf Pappe gezeichnet und ausgeschnitten. Auf der Rückseite befestigen wir den Stab mit Kreppband. Nun kann das Kind die Figur gut festhalten und führen.
- Die Geschichte wird erzählt und kann mit dem Lied »Wir sehen viele Wege« oder Orff-Instrumenten begleitet werden (siehe S. 91).
- Durch Einblenden von farbigen Gläsern oder Seidenpapier erzeugen wir Abend- und Morgenstimmung.

Dieses einfache Figurenspiel erzielt auch auf kleinen Festen oder im Familiengottesdienst große Wirkung.

Freude und Verdruss auf meinem Weg

Material:
2 lange Seile, Gegenstände oder Symbole zu: »Darüber freue ich mich, daran stoße ich mich«.

So wird's gemacht
■ Alle sitzen im großen Stuhlkreis, auf dem Fußboden liegt ein Weg aus zwei Seilen.

Blumen und Steine am Weg

- Im Gespräch tauschen wir aus, worüber wir uns im Kindergarten freuen und woran wir uns stoßen.
- Jedes Kind sucht im Gruppenraum einen passenden Gegenstand, den es mit der positiven und negativen Erfahrung verbindet.
- Diesen Gegenstand legt es auf den Weg oder den Wegrand und erzählt von seinen Empfindungen.

Dabei sollte jedes Kind zu Wort kommen und die Gruppe aufmerksam zuhören.

■ Beim *Erziehertreffen* bietet das gelegte Wegbild einen guten Einstieg in den Programmablauf. Jede Erzieherin bringt (in der Einladung erbeten) aus ihrem Arbeitsbereich je einen Gegenstand oder ein Symbol mit zu: »worüber ich mich freue, woran ich mich stoße«.

■ Auf *Elternabenden* erzielt das Wegbild ebenfalls eine große Wirkung.

So kommst du zu mir

Material:
Großer Papierbogen – Papier – Bleistift – Filzstifte.

So wird's gemacht
■ Wir zeichnen einen großen, vereinfachten Straßenplan von unserem Wohngebiet. Jedes Kind malt sein Haus (auf Blattgröße 5 x 5 cm) und klebt es in seine Straße ein.

Wege von dir zu mir

Wir betrachten, wie nah oder entfernt wir voneinander wohnen und welche Kreuzungen oder Abzweigungen wir gehen müssen, wenn wir einander besuchen.
Die Collage kann im Kindergartenflur noch lange betrachtet werden und zu Gesprächen anregen.

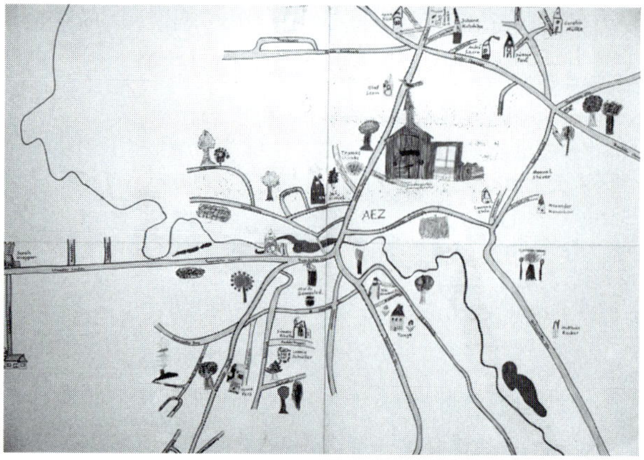

Spiele

Das Spiel gehört zum Grundbestand menschlicher Existenz. Das Wort »Spiel« lässt sich breit interpretieren, und es gibt zahlreiche Übergänge und Verbindungen zwischen Spiel – Tanz – Gestalten und den weiteren Abschnitten. Beim Spiel wollen wir den Moment der Freiheit im Auge behalten und den Rahmen nicht durch Verbote, sondern durch Regeln stecken.

Wie viele Schritte darf ich geh´n?

Die Anzahl der Kinder sollte 10 nicht überschreiten.
■ Die Kinder stehen in einer langen Reihe vor der Wand.
Karin ist die Spielführerin und steht sechs bis sieben Meter gegenüber der Kinderreihe. Hannes fragt:

jeder Schritt zählt

»Wie viele Schritte darf ich geh´n?« Karin antwortet: »Du darfst zwei (einen, drei) Schritte gehen.« Hannes fragt zurück: »Große oder kleine Schritte?« Karin bestimmt die Schrittgröße. Hannes fragt abschließend: »Vor oder zurück?« Karin legt es fest, wie Hannes gehen soll (anfangs sollte jedes Kind erst vorwärts gehen dürfen).
Jetzt darf Hannes in der gefragten Reihenfolge losgehen, während die übrigen Kinder auf den richtigen Ablauf achten. Macht Hannes einen Fehler, so muss er stehen bleiben. Nun stellt das zweite Kind der Reihe dieselben Fragen, dann das dritte usw. Wer zuerst bei Karin ankommt, darf im nächsten Spiel Spielführerin sein.

Pantomime
»Hänschen Klein«

Mitspieler: Mutter, Hans, Schwester.
Requisiten: Stock, Hut, Taschentuch.

■ Vor dem Spiel könnte das Lied von allen gesungen werden (auf Originalfassung achten). Zum Pantomimenspiel der drei Darsteller werden die drei Strophen langsam gesungen.
■ Als Variante wird der Text langsam gesprochen und mit Gitarre leise begleitet.

Stegreifspiel
Die Erzählung vom Blumenteppich

(siehe S. 89)

Bei diesem Spiel können neben den Hauptdarstellern noch viele Kinder mitspielen als Besucher der frommen Mönche.
Interessant und spannend dürfte es sein, was die frommen Mönche von den Besuchern gefragt werden und was diese darauf antworten. Konträr dazu wird das Auftreten der beiden Pelzjäger sein. Es kann im Dialog sehr phantasievoll gestaltet werden. Der Blumenteppich wird aus Papierblumen gelegt.

Stilleübung
Rast machen am Weg

Nach Zeiten der Anspannung müssen Zeiten der Entspannung folgen.

Jesus lädt seine Jünger in Situationen, wo sie alle Hände voll zu tun hätten, zum Ausruhen ein.

- Die Kinder sitzen entspannt und hören zu:

Mk 6,30-32.
Die Apostel versammelten sich wieder bei Jesus und berichteten ihm alles, was sie getan und gelehrt hatten. Da sagte er zu ihnen: »Kommt mit an einen einsamen Ort, wo wir allein sind, und ruht ein wenig aus.« Denn sie fanden nicht einmal Zeit zum Essen, so zahlreich waren die Leute, die kamen und gingen. Sie fuhren also mit dem Boot in eine einsame Gegend, um allein zu sein.
Wir stellen uns vor, wie sich die Jünger ausruhten. – Jeder sucht sich einen Platz, auf dem er sich bequem ausruhen kann. – Keiner stört ihn. – Er kann tief ein- und ausatmen. – Er kann sich erholen. – Wir öffnen langsam die Augen und strecken uns. – Wir fühlen uns frisch und ausgeruht.

Gemeinde einbeziehen

Gottesdienst »Gemeinsame Wege gehen«

Einführung des neuen Pastors in die Gemeinde

Zur Gottesdienstplanung

Den Einführungsgottesdienst bereitet ein Team vor und alle Gemeindegruppen erklären sich bereit, diese Feier mitzugestalten.

Beitrag des Kindergartens

Die Frage, warum wir uns alle über den neuen Pastor freuen, führt schnell zur Antwort: »weil er viel mit uns und für die Gemeinde tut«. Viele Menschen begleitet er auf ihrer Wegstrecke.
Verdeutlicht werden sollen diese Gedanken durch lange Stoffbänder mit Fußspuren, die vom Altar ausgehend zu den Altarstufen führen. Am Ende einer jeden Spur soll ein gemaltes Bild zeigen, welche Aufgabe mit diesem Weg verbunden ist.

In der Vorbereitung

Sechs lange Bänder werden aus einem Bettlaken geschnitten und mit Fußabdrücken von Eltern und Kindern versehen. Auf sechs Bilder aus Kartonpapier malen die Kinder wichtige Aufgaben des Pastors wie: Gottesdienst feiern – die Familien besuchen – die Kranken trösten – taufen – Ehepaare segnen – Tote begraben – miteinander beten – uns im Kindergarten von Gott erzählen.

Im Gottesdienst

Ein Band wird nach dem anderen von Kindern aufgerollt, mit dem Bild versehen, und zu jedem Weg tragen Eltern eine Fürbitte vor.

Die Kinder erfahren, wie vielfältig die Aufgaben des Pastors sind, wie sehr wir einander brauchen und wie zuversichtlich wir in einer Glaubensgemeinschaft sein können.
Zum Abschluss des Gottesdienstes beten wir:
Gott, als deine Gemeinde wollen wir auf dich vertrauen. Du verlässt uns nicht. Du bist unser Wegbegleiter. Darauf hoffen wir. Amen.

»Gemeinsame Wege gehen«

Einen neuen Anfang machen und auf Gott vertrauen, lässt sich auch bei Festen anschaulich darstellen wie Kindergartenbeginn, Einschulung, Gruppenveränderungen, Kinderbibeltag und Familiengottesdienst.

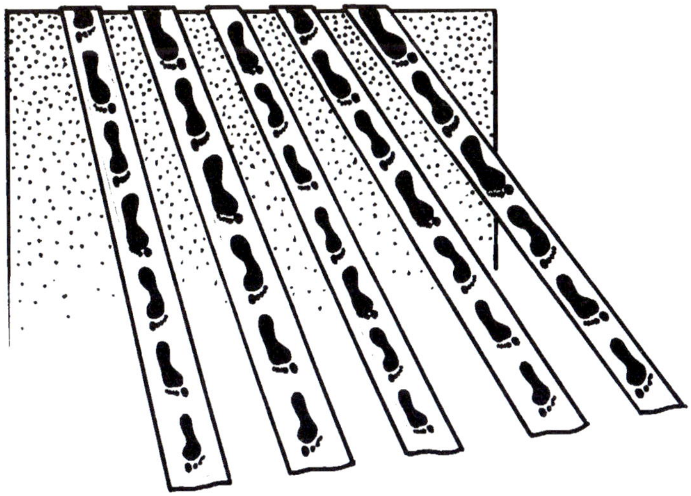

Hinweise zur Weiterarbeit: Weg

Beiträge aus wastwie

Weihnachtliche Weg-Thematik

3 und
4/86 Weg in die Mitte
3/87 Viele machen sich auf den Weg (Singspiel)
4/87 Auf dem Weg nach Bethlehem
4/87 Maria auf dem Weg
4/87 Bilams Weg
3/93 Die Heimkehr des Verlorenen Sohnes (Folie dazu liegt im Heft)

Wegerfahrungen

2/87 Hänschen klein
4/87 Auf dem Lebensweg
4/87 Durch die Wüste zur Oase
4/87 Tierspuren
1/88 Engel auf unserem Weg
1/88 Engel auf dem Weg Jesu
1/88 Engel auf dem Weg des Tobias
1/89 Straßenszenen damals und heute (Begleitung mit Orff-Instrumenten)

Bibeltexte zum Symbol Weg

Bereitet Gott einen Weg
Altes Testament

Jesaja 40,3

Menschen unterwegs
Neues Testament

Matthäus 4,19
Lukas 1,39
Lukas 2,4
Lukas 2,15
Lukas 2,20
Lukas 9,10-17
Lukas 24,17

Text- und Bildquellenverzeichnis